西部警察 PERSONAL 2

舘ひろし

THE HERO OF SEIBUKEISATSU

SOUTARO TATSUMI
POLICE ACTION

BEST SHOT

巽 総太郎

西部警察署刑事

愛称「タツ」。革ジャンにサングラスとリーゼントがトレードマーク。愛車ハーレーを乗りまわす型破り刑事。大門軍団NO 1の暴力派。権力と権威が大嫌いで大門を最も信頼、尊敬をしている。

『西部警察』が受け入れられたのは男のヒーローを創り出したところにあると思うのです。当時のドラマにはない、単純に男が見てかっこいいと思うヒーローが『西部警察』には存在していた。だからいまだに根強いファンがこのドラマに魅了されているのではないでしょうか。

舘ひろし

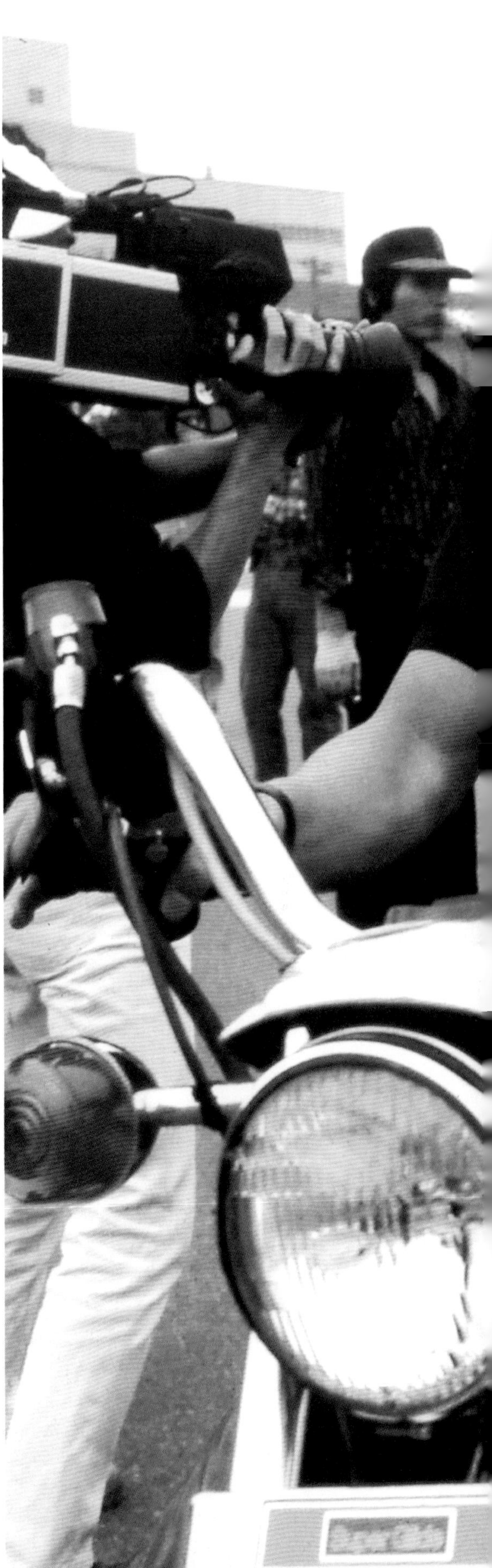

なで守ろう!!
しい環境
コーヒ
POKKA
POKKA

EIJI HATOMURA
POLICE ACTION

鳩村英次

西部警察署刑事

愛称「ハト」。西部署配属の特別車輌機動隊隊長。アメリカのロス市警のSWATに研修生として渡米していたのを、大門の命を受けて帰国して軍団の一員となった。猛者揃いのデカの中にあって異彩を放つ熱血漢刑事である。

僕にとっては人生を変えた転換期に出会った作品だと思う。渡哲也という人にも出会えたし、それによって自分自身が大きく変わったんじゃないかなとも思うし、そういう意味で、とっても大袈裟な言い方なんですが、人生の中で一番影響を受けた作品だと思います。

舘ひろし

SUZUKI

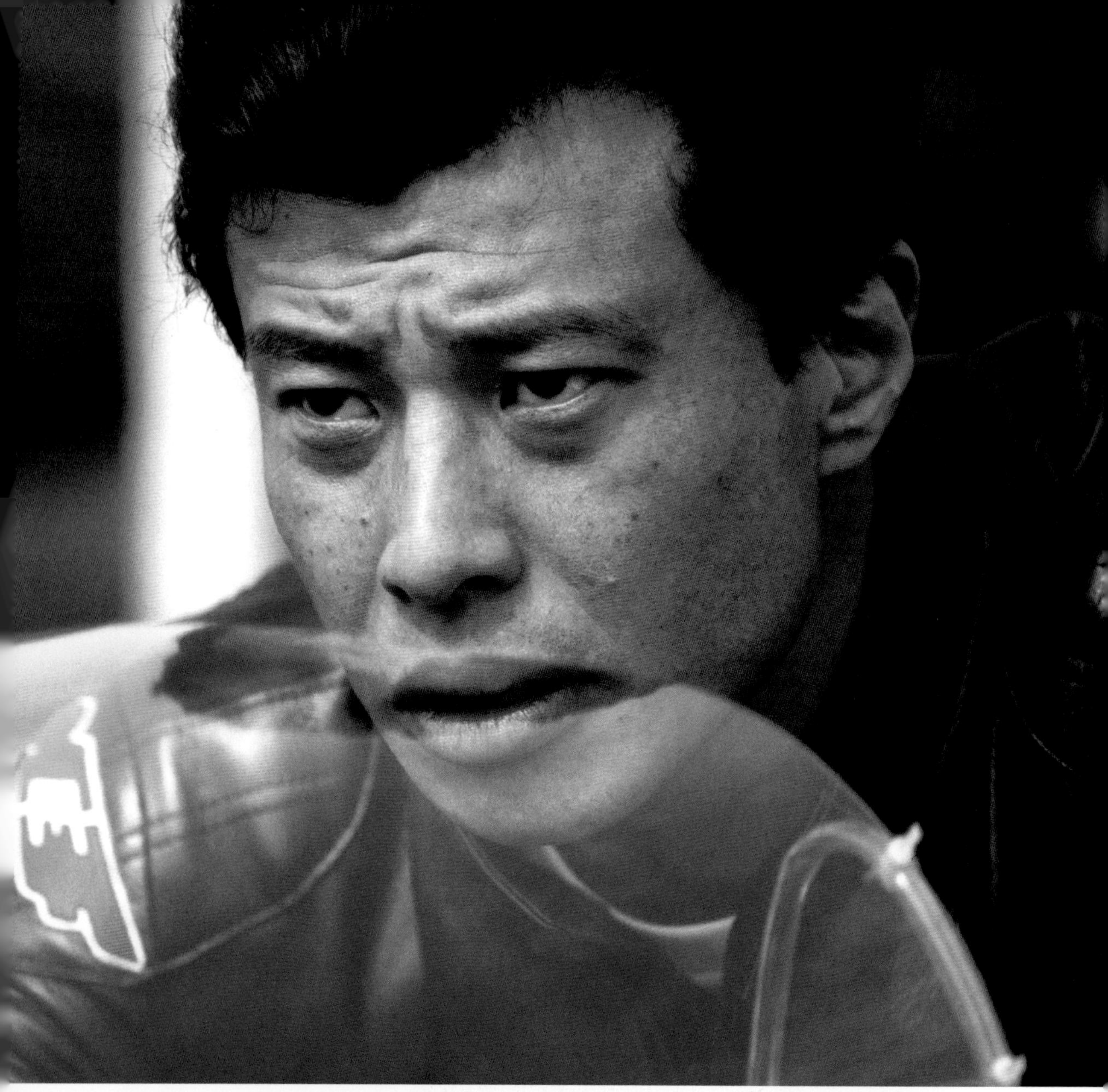

TÊTE

SUZUKI

E.HAT

TÊTE

ロモーション
5月30日
E.HAT

SUZUKI

SUZUK

ロモーション
(株) ファンハウス
徐行
構内徐行
10 KM/H
テレビ朝日
西部警察 PARTⅡ
松竹梅

4WD
SHOEI

HARLEY DAVIDSON

巽刑事専用二輪

世界の警察多しといえど、赤色回転灯(パトライト) がついたハーレーは、他に類を見ないバイクだ。警察車輌に改造した黒いハーレーダビッドソンは巽刑事役の舘ひろしの希望で実現した。舘の深いオートバイ嗜好が、ここでハーレーの使用につながった。

KATANA

鳩村刑事専用二輪　ノーマルルックのブラック

SUZUKI GSX1100S KATANA
基本仕様はほぼオリジナルだが、細かいところに舘ひろしのオーダーメイド感が生かされている。「ノーマルはちっと長い。全体をもっと短くシャープに見せたい」舘の案でボディがキュッとしまってスマート感を見せた。またシートの高さが下がったため、鳩村英次の美しいライディングフォームが誕生した。

KATANA R

鳩村刑事専用二輪　西部警察オリジナル仕様

SUZUKI GSX1100S KATANA　最高時速　270km/ h
『西部警察 PART- Ⅲ』(1984 年) 第 60 話で登場した KATANA (刀) R はシリーズ初の特別仕様バイク。フルカウル、シングルシートの２大要素から成るカフェレーサースタイルは、鳩村英次を演じた舘ひろしの強い希望で誕生した。

TATSU×HATO
伝説の
MONSTER BIKE

COLT PYTHON 4inch PPC CUSTOM

コルトパイソン4inch PPCカスタム

ハト専用銃。『PART-Ⅰ』では巽と同じ「コルトローマン2inch」を携帯していた鳩村は『PART-Ⅱ』に入ってメインの拳銃をMC社のモデル「コルトパイソンPPCカスタム」に持ち替えた。その容姿はワイルドかつヘビーなガンだ。

COLT LAWMAN 2inch

コルトローマン2インチ

『PART-Ⅰ』で、巽総太郎の愛用ガンとして使用、また同『PART-Ⅰ』の鳩村英次もこのコルトローマン2インチを愛用していた。木暮課長、大門団長他、ほぼ全員がこの銃を携帯していた。

TATSU×HATO GUN

MAUSER 98k SPORTER

モーゼル（マウザー）98 kサポーター

主にハトが使っていたライフル。『PART-Ⅲ』第33話、遊園地での狙撃シーンでの使用が印象深い。別名・モーゼルミリタリー。

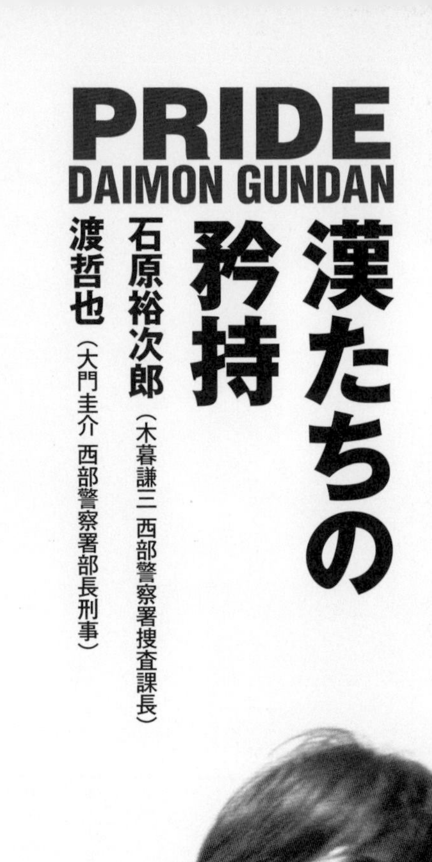

PRIDE DAIMON GUNDAN

漢たちの矜持

石原裕次郎（木暮謙三 西部警察署捜査課長）

渡哲也（大門圭介 西部警察署部長刑事）

G.I.SPECIAL
レザム

SUZUKI
警視庁
SUZUKI

寺尾聰
（松田猛・愛称リキ 西部警察署刑事）

左より
御木裕（北条卓・愛称ジョー 西部警察署刑事）
藤岡重慶（谷大作・愛称おやっさん、谷さん 西部警察署刑事）
苅谷俊介（源田浩史・愛称ゲン 西部警察署刑事）
峰竜太（平尾一兵・愛称イッペイ 西部警察署刑事）

左から2人目 **井上昭文**（浜源太郎・愛称ゲン おやっさん 西部警察署刑事）

右から3人目 **三浦友和**（沖田五郎・愛称オキ 西部警察署刑事）

（左）**石原良純**（五代純・愛称ジュン 西部警察署刑事）（右）**柴俊夫**（山県新之助・愛称大将 西部警察署刑事）

2
RS-TURBO

品川59
た 35-29

SUZUKI
警視庁
特機

特別番組「燃える勇者たち」

矢野大サーカスで綱渡りの特訓を受ける舘ひろし

西部警察 SPECIAL2004 HATO 軍団誕生！

新生ハト軍団のメンバー。向かって右より西部署捜査課初の女性刑事・日下直美（戸田菜穂）、堀内昌兵（金児憲史）、鳩村団長（舘ひろし）、三上修（木村昇）、大門課長（渡哲也）、松山高之（池田努）、橘数馬（徳重聡）、坂東耕作（田山涼成）。

特別インタビュー・後編

もう一人の大門圭介
「心の引き出しの中から石原さんと渡さんの言葉が僕を救ってくれる」

元俳優 **永野明彦**

PERSONAL1での永野明彦氏のインタビューは、多くの『西部警察』ファンが熱い思いを持って迎え入れてくれた。今回は、その後編をお届けする。永野氏の人生は、西部警察によって大きな変化をもたらせた。第2の人生で成功したものも石原裕次郎、渡哲也という「大きな星の下で、人生の経験を積み学んだことが多かったから」と永野は答えた。物語の続きをスタートさせる——

『西部警察』シリーズでは、全国縦断ロケなど集団で行動して集団で食事をして集団で寝るという状況が日常茶飯事的に行われていた。この環境を永野はどういう風に捉えていたのだろう？　この大がかりな大集団が1回どころか何度も繰り返し全国でロケを行い、同じ生活を共にしていたわけだが、これは芸能界でもあまり例を見ないことだったろう。

伝説の〝紙飛行機〟とは

永野　確かにそれ以前には見たことがありませんでした。必ず食事は全員でとるというね。別個に食事をすることはありませんでした。ロケーションでボーンと一箇所へ行くと、必ずその場に全員集めてキャスト、ゲスト、もちろんスタッフも含めて食事から何から一緒に行動していました。

ところで、〝紙飛行機〟という言葉をお聞きになったことありますか？

「振り返ってみますと、半生の中で俳優生活は、最も充実した日々でもありました」

編集部・取材陣がほかで何度も耳にした〝紙飛行機〟。それは、地方ロケ等の初日撮影後の晩餐時に、社長である石原裕次郎自ら、そこにいる全員に配られるという〝伝説のお祝儀〟だ。だが、「1万円札ですね？」とお答えすると、〝それは紙飛行機ではない〟という意外なお返事が永野氏から返って来た。

永野　1万円札は新年会の餅つきのときですね。紙飛行機は、基本3万円なんです。100人分、社長のポケットマネーから出されます。一人ひとりに社長が渡すんです。例えばロケーションに行きました。大きい会場で夕食。明日から何日まで当地でロケーションがお世話になる。ついては〝外に出て悪さをしちゃいけないよ〟ということで、一人ひとり女優さんも男優も何も関係なくスタッフ、渡さんも含め全員に一人ひとり、茶封筒に入れて用意する。社長の隣には専務がいました。その都度、社長が自ら手渡しして一人ひとり取りに行くんです。3万円ですよ。で、今度は僕が渡さんから呼ばれて、渡さんが社長からもらった紙飛行機を僕がまたもらう。唯一それが収入源のプラスアルファでした。毎回じゃないんですけど、スタッフ対抗カラオケ大会もあった。当然、社長が現地にいるときにしかやらないんですけど。わざと石原さんの歌を歌う。すると1万円もらえるんです（笑）。歌いながら〝すげぇなあ、3分したら1万円になっちゃうんだ〟と驚いて。つくづく〝歌手ってすげぇなぁ〟と思いました。あと調布のプレハブの本社の地下にシャワー室というかお風呂場

スタンドインは渡さんのイメージを壊さないよう努めました。

があったんです。それはもう簡素なもので。あそこに社長が入ってたんですからね。ある夜、泊まり込みのときに。次の日が早朝早だったので、本社に泊まったんですよ。そしたら11時くらいだったかな? 石原さんが自分で車を運転して来て「おう、悪いな、ちょっと風呂入らせてくれ」と仰って。「お風呂ですか!? はい、はい!」と言って、慌てて他のスタッフに「社長が風呂って言ってるけど社長の風呂ってどこにあるの?」と聞いたら「いや、下のあれだよ」って。「ウッソ〜!?」、「いいんだ、いいんだ。入るんだよ。社長は大丈夫だ」、「ええ〜〜?」と驚いちゃった。それでお湯張って上がって社長に声かけると「おう、わりぃな、黙ってろよ」と、パッて1万円札を握らせてもらって、「俺、毎日でも焚きてぇな」って（笑）。金のないときだったから、助かりました。〃へぇ〜〜、こんな風呂入るんだ、天下の石原裕次郎さんが。確かにこんなことは（人には）言えねぇよ〃とは思いました。当時1回だけそういう出来事に立ち会いましたね。

石原さんと渡さんに人生の軌道修正をさせてもらった

石原プロ作品は『大都会PARTⅡ』からの参加という永野だが、以来石原プロの7年間で、今だから話せる面白い話、裏話を今回、特別にご披露いただいた。

永野　22歳で入って3年ぐらい経った25歳ぐらいのときだったと思うんですけど、一時期、熱海で忘年会をやっていました。宴会が終わって部屋に戻っていたら電話が入って「社長が呼んでるから社長の部屋に行け」と言われたんです。社長と言われても、僕は石原さんとは現場で「おはようございます」、「お疲れ様でした」というご挨拶をしたことはあっても、会話はひと言もなかったものですから、〃なんで俺が呼ばれたんだろう?〃と内心心配になって、「俺ですか?」って聞いたら、「そうだ。すぐ行け」と言われたので、石原さんの部屋に行きました。「失礼します」、「おう! 座れ座れ。いつもテツが世話になってるな」と言って、ビールをグラスに注いでいただいて。「いや、こちらこそ大変お世話になっております」、「うーん、君いくつだ?」、「25です」、「若いなぁ〜〜、これからいろんな人生を歩んで行くんだろうけど、先々、人にしてあげたこと、そんなことはすぐ忘れろ。だが、受けた恩は一生忘れちゃいかんぞ。それから、経済的に大変なときも経験するかもしれない。でも、心まで貧しくなっちゃダメだ。頑張れ」と言われてから、今度は「テツのところへ行け」と。そう言われたので次に渡さんの部屋に行きました。「失礼します。今社長に激励の言葉をいただいてまいりました」と言ったら「そうかい、それはよかったなぁ。人間ってな見栄を張ったり背伸びをしたりするもんだけど、己を知るということはすごく大事なことだから。人生は桜梅桃李（おうばいとうり）だよ。俺が社長の石原さんにはなれないようなもんだ」と仰るんです。〃充分じゃないか〃と僕は思いました。

当時の渡さんは37歳ぐらいです。僕とちょうどひと回り違うから。今の37歳で、そんな言葉が出るもんだろうか?と思いますもんね、今思うと。

それを自分の心の引き出しに入れて生きて行けるまぁいろんな意味を含まれた言葉だとは思いますけど。で、『西部警察』が終わったときに渡さんにご挨拶に行って「私も結婚して子供もいるし、ここでひと区切り付けて、この世界から足を洗いたいと思います」と言ったら、「お前、カタギの仕事やったことあるのか?」と言われたんです。確かに芸能界以外の仕事というのは僕は一切したことがありませんでした。「俺もこの世界しか知らないし、俺たちの仕事も大変だけど、サラリーマンの世界も大変みたいじゃないか。まぁ、やるだけやってダメだったらいつでも戻って来いよ」と声をかけてくださったんですね。それから28年、サラリーマン生活に入って、嫌になっちゃうときもありました。でも、後ろを振り返ると家族がいる。〝俺がもうちょっと頑張らなきゃな〟と思いながら下を向いているとき、ちょっとキザな言い方だけど、心の引き出しから、石原さんや渡さんに言われた言葉を出して頑張ろう、って。だからこれまでやってこられたと思います。石原さんと渡さんに人生の軌道修正をさせてもらったような気がします。それと運をもらいました。サラリーマン生活に入っても、本当に人に恵まれました。

では人生の大恩人ともいうべき石原裕次郎と渡の関係を、永野は間近でどのように捉え、感じていたのだろう？

永野　僕の目から見た石原さんと渡さんの関係は、渡さんとしては石原さんに対して人として、尊敬も含め、非常に憧れている気持ちをすごく感じました。

　渡さんの石原さんに対する言動、言葉遣い、振る舞いは僕が見ているなかで、お二人は兄弟という感じでもないし、先輩後輩という感じでもない。何か不思議な雰囲気でしたね。もちろん社長は渡さんのことを心配はしているんですけど、そんなに必要以上に言葉に出して心配するというタイプではなかったと思います。渡さんは逆に石原さんに対して心配する部分は多分にありましたね。

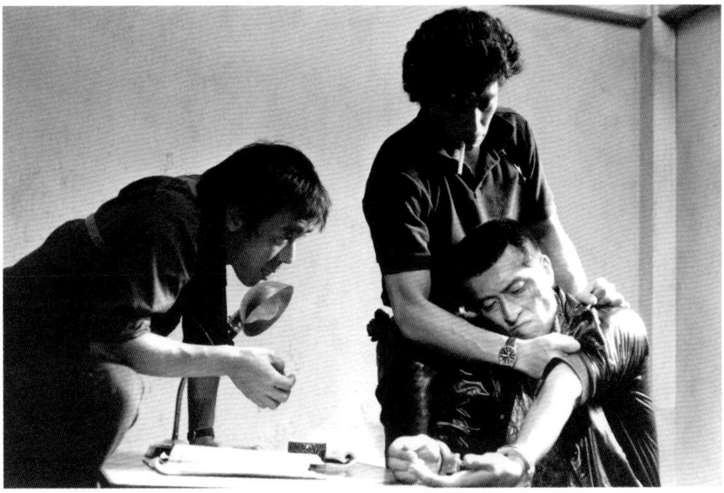

　それから、これは石原プロにおける渡さんのお立場の話になりますが、石原プロのスタッフのギャランティ自体は全体的に少ないんです。〝物には金をかけるけど人には金をかけない〟というのが小林専務の方針でした。それは苦い経験があるゆえにそうしてきたのだと思います。会社として借金も当然返していかなきゃいけないなかで、渡さんが専務に「スタッフに人並み以上にギャラを上げろと俺は言ってるわけじゃない。でも誰のために安い給料で体張って皆頑張ってくれてるんだ？　人並み以上じゃなくて人並みでいい。それぞれチーフ（助監督等）でやっている人たちは、他所に行けばもっと高いギャラをもらえるような高い技術を持っている。そんな連中がここで踏ん張って頑張ってくれてるんだから」、「テツ、それは分かるんだけど、俺たちは二度と失敗は許されない。細々とでもいいからメシが喰っていける体制にしなきゃいけない。だから上げないんだ」というやり取りを折に触れてお二人でしていらっしゃいました。

　渡さんはあまり言葉に出すような方ではなかったです。でも、常に何か考えていると言いますか、色々な面……スタッフの生活も当然あるし、会社をどう維持していくべきなのか？　もう看板を下ろすべきなのか？ということまで考え込まれていたと思います。

「舘さん、寺尾さんは仕事を離れても親しくさせていただきました」

世界にひとつの〝お宝中のお宝〟

ここで永野から、石原プロの7年間で獲得した、とっておきの〝家宝〟をご披露いただいた。これぞ世界にひとつの、永野明彦でしか持ち得ない本当の〝お宝中のお宝〟だ。

永野　これが石原さんからいただいた直筆の感謝状です。これはもううちの家宝ですよ。

「感謝状　永野明彦殿
あなたは角刈り頭にレイバンのサングラス　その姿は多羅尾伴内よろしく或る時はアクション、又ある時は車の運転手、吹替、人よけ、本業の役者業はどこえやら特に難しく煩い軍団長の吹替を長年に（渡哲也）見事に演じた事は称賛に価します
依ってここに深く感謝の意を表します
昭和五十八年十二月二十五日
株式会社石原プロモーション
代表取締役社長　石原裕次郎」

これはいつの感謝状だったのだろう？　昭和58年に石原プロを辞めるときのものだったのだろうか？　とにかくとんでもないお宝だ。

永野　僕がこの仕事を辞める3年前ですね。毎年12月28日が石原さんと渡さんの同じ誕生日じゃないですか。その12月28日に忘年会をやっていたんです。そこで毎年、功労者賞というのを出していたんです。僕は山梨県の石和（温泉）でもらいました。

　そのときに石原さんが〝変なこと言う

なぁ〟と思ったんですよ。ちょうど撮影が終わって帰るときに渡さんから呼ばれて、親父（石原裕次郎）が呼んでるからって社長室に行くと、「おい、28日忘年会、絶対来いよ」と。もちろん行かなかったことは一度もありません。それなのに〝なんだろう？〟と思って会場の石和グランドホテルに行きました。会場には500人ほどの人が集まっていました。これは余談ですが、後年たまたま仕事でこのホテルがあった近くを通りがかって「俺昔さ、この辺で石原プロの忘年会をやったことあるんだよね」という話をしたら「ああ、あのグランドホテル、もう更地ですよ。もうありません」って（苦笑）。

忘年会が始まって、司会の露木茂さんに「本年の功労者、渡さんのスタンドインやってる永野さん！」と呼ばれました。「えっ!?」と思って、社長が言ってた〝絶対来いよ〟ってこのことか〟と。じつはちょうどそのタイミングで家のテレビが壊れて、〝買い直さなきゃなぁ……でも金ないし弱ったな〟と思いながら家を出たんですよ。そうしたらこの感謝状と多額の賞金をいただいて。副賞で50万円と20万円相当のスイスの置き時計をいただきました。家に帰ったらその賞金をカミさんに渡して「これでテレビを買って来いよ」と言いました。妻が驚いて「どうしたの？」と聞くので、「石原さんからいただいた。ありがたく使わせてもらいなさい」と言ってね。

そのとき僕の他にも3人ほど壇上に上がって、表彰されていたんですけど、みんな〝末端の人間を大事にしてくれる〟と思ってまたジーンとしたんじゃないですかね。男だったら誰もが〝なんだよ、ちゃんと俺たちの方も見てくれてるのかよ!?〟という想いになっちゃう。壇上で石原さんがちっちゃな声で、「永野君、もう少し辛抱しろ。応援するから頑張れ」と仰って。これが社交辞令だろうがなんだろうが、ジーンと来ました。

あと思い出すのが、渡さんの立ち位置です。石原さんの隣には並ばないんですよ。必ず一歩引くんです。微妙な距離……そういうものも感じました。真似しようと思っても、内からそういう気持ちがないと続かないですよね。

では、永野の〝第二の人生〟ともいうべきサラリーマン生活は何歳のときからスタートしたのだろう？石原プロ卒業後の永野の活動を少し伺ってみた。

永野　ちょうど30のときからです。6年間、東京のデザイン看板という看板屋さんに勤めていました。胆嚢を取る手術を受けてから、子供と、今度は女房の病気の関係でこっち（長野県松本市）へ移り住み、それからずっと松本の会社に勤務しています。石原プロでの7年間はその後の人生にもかなり影響したと思いますよ。

あの業界（芸能界）は、サラリーマンの仕事と違って同じ時間に行って同じ時間に帰って来るわけじゃない。仕事のある日ない日、早朝もあれば夜からもあるし、バラバラです。ところがサラリーマンは、行く時間と帰る時間ほぼ一緒じゃないですか。ずっと同じ事の繰り返しをしている。人間慣れちゃえばそれまでなんですけど、〝俺、やっていけるのかな？〟という思いがありました。口には出さなかったですが、それを態度に出していたと思うんです。家内に「渡さんに頭下げに行ったら？」と言われたことがあるんです。今さらそんな格好悪いことできないし、そんな失礼なことできない。〝何か感じてんだな〟と、なるべく気をつけようと思いました。一生懸命やれば人は必ず見てくれるだろう……とい

渡哲也のスタンドインの他に、重要な役どころでも出演（右は寺尾聰）。

う思いがあって38歳でこっち（長野県松本市）に来たんです。

また別会社でサラリーマンを1からやり直そうと、ハローワークへ行きました。ハローワークの暖簾をくぐったのはそれが初めてでした。ハローワークって聞こえはいいんだけど、昔は職安（職業安定所）って言ってました。松本で大きな会社といったら石川島芝浦機械、ソニー、富士電機があります。〝ソニーは俺の柄じゃないな。この石川島芝浦機械、聞いたことあるな……〟と思っていたら東芝とIHIの合弁会社だったんです。それで〝これどういう会社だろう？〟と思ったら農機具を作ってるメーカーだったんです。〝これはいい〟と思って履歴書を書き始めました。でもそこに空白の7年間がある。芸能生活云々って書いたら絶対ダメだよな、絶対雇ってくれねぇだろうなと思いました。ひと昔前って、〝芸能の生活にいた？ そんなもん使えるか！〟というイメージの時代があったと思うんです。躊躇したんだけど、でもウソを書いてバレたらそれこそ格好悪いなと思って、ダメならダメでちっちゃい会社に行けばいいと思って書いて、面接へ行くと、そこの総務部長さんが、「え？ なんだ、石原プロにいたんですか？」って。「こうこう、こういう仕事をやってたんです」、「いや僕、大ファンでテレビをずっと観てましたよ。そういえば永野さん出てました？ ひょっとして犯人……？」、「犯人もやってました」、「うちで仕事やりませんか？」とその場で即決（笑）。「ええ〜、いいのかな？」と思ったんですが、それからずっとその会社に勤めました。やっぱりブランド名は恐いな、すごいなと思いました。例えば今どきの有名なタレントさんが名前と顔が売れてても、〝じゃあ所属事務所って有名なの？〟という話になるとピンと来ないじゃないですか。でも石原プロってみんなが知ってる。〝石原プロ〟という会社名がブランドなんですよ。いや〝すげぇ力があるんだな〟と思って。思わず感謝しました（笑）。石原プロの照明の椎野茂さんにも話したことがあります。「東京でこうこうこうでね、俺、こういう会社に入って、ここまで来れたんだよ、営業部長までなれたよ」って言ったら、「はぁ〜〜、やっぱなぁ。オヤジ（石原裕次郎）に感謝だな。石原プロっていうブランドだよ、これ」って。

俳優時代、裏方で活躍した俳優仲間たちと。

「消防関係の職員の方々に『西部警察』のファンが多いんです」

永野　入ってから6年後、44歳になったときに僕は工場にいたんです。そこに今井さんという当時の取締役が現れて、「永野さん、ちょっと昼休みに2階に来てくれ」と言われてツナギ姿のまま行ったら、「永野君、営業ってやったことないか？」と言われて。「いや、僕は営業はやったことないですね」、「俺は営業に向いてると思うんだけどな、営業やってみねぇか？」と言うんです。「この歳で営業ですか？」と言ったら、うちの会社は防災用品で消防ポンプを作ってるんです。「これの営業なんだ」と。「俺は君のためにはいいと思うよ」と言われて、「分かりました」。その年の10月から営業部隊に入ったんです。営業って物を売る商売じゃないですか？ 同時に自分も売らなきゃいけないじゃないですか。そうしたらその頃ネットやらなんやらでテレビなんかで『大都会』や『西部警察』が流れてるみたいなんですね。

安曇野市の自宅前で。

どこから聞いてきたのか「ねぇねぇ永野さん、昔俳優やってたの?」、「俳優っていうか違うんだよ。俺はスタンドインっていうのをやってたんだよ。出てもいたけどさ」、「すごい！ この間ドラマ観てたら名前も同じだし顔も同じだったからさ」と。そんな調子で、例えば東京消防庁とか各県の消防関係の職員の方々にまた『西部警察』のファンが多いんですよ。回り回って〝芝浦の営業にこういう人がいるらしい〟という話が広がって名刺を持って行くと、「あれ? 芝浦の永野さんって、前『西部警察』やってた人?」と言われて（笑）。だから品物より自分が売れるのが早くて、顔を覚えてもらうのも早かった。それはじつに大きかったですね。

しみじみ〝俺、石原プロにいてよかった〟と思いました。サラリーマンの世界に入ってからそれがじわじわ効いてきたんですよ。あっという間にその消防業界で顔を一気に知られました。人に恵まれて、どんどん押し上げてもらって営業部長まで行き、北海道に2年間行ったときは、当時、石原裕次郎記念館の館長をしていた浅野謙次郎さんに「浅野さん、こうこうこういうわけです」、「いや、よかったじゃん。頑張ってるなぁ」、「渡さんに宜しく言ってください」、「おう、言っとく言っとく。そうか、それは渡さんも安心するわ」と仰っていただいて。渡さんとはその後お会いする機会はもうありませんでしたけど……。

渡さんから「兄弟」と呼ばれた理由

永野を自身の分身のように思っていた渡が逝去したのは令和2年の8月10日。永野が訃報を聞いたのはその4日後だった。

永野　渡さんの訃報を聞いたのは令和2年の8月14日。10日の命日の4日後、スマホにポンと連絡が入って来ました。本当にびっくりしました。泣きましたね。本当にショックでした。つくづく早いと思いました。でも石原さんが亡くなったときは52でしょう。う〜ん……。これは勝手な想いなんですけど、70、80歳の石原裕次郎は見たくないな、という想いもあって。というものの、52というと今の時代で若過ぎますけど、人の何倍生きたんだろうな? という気もします。

石原さんが亡くなったときも僕、喪服着てすぐに行ったんですよ。制作の人とちょうど会って道路の向かい側、全部メディアの方々と撮影隊で埋まっていて。ず――っとそこに張り付いていて。誰が来ようが分かんないから。とりあえず写真撮らなきゃいけない。僕が通ってもすごいフラッシュの嵐でした。いや、スターって皆こんな感じなのかなって。誰か分からないけどひとりがシャッター押したら一斉に皆カシャカシャカシャカシャ!! すごいな、って手を合わせて帰っちゃいましたけど。

最後に石原プロで過ごした7年間を、永野自身に総括してもらった。

永野　もうこれはね、自分が望んでできることじゃなかったし、望んでもできなかったこと。

ひとつの大きな〝縁〟ですね。7年間はもちろん僕の青春時代からひっくるめて本当に財産です。狙ってできるもんじゃなかったと思います。お願いしてできることでもなかった。

いろんな意味で縁があったんだと思いますし、渡さんが僕のことを……名前はたぶん知らなかったと思うけど、顔は覚えていたのが大きかった。『大都会』が始まる前にたまたま十二騎会にいて高倉英二と一緒にいる若い衆だった僕を探し出してくれた。その辺からのご縁ですね。

あとなぜか渡さんは僕のことを兄弟、兄弟と呼ばれていたんですけど、これには訳があって。渡さんが亡くされたお兄さんが明彦で、それで兄弟と言われたのかと……。

僕は、1970年代〜1980年代半ばぐらいに活躍した、年齢は別々だけど世間からスターと言われている人たち、あの当時活躍していた主役クラスのスターのみなさんと仕事をご一緒させていただきましたけど、やはり石原さん、渡さんは別格でした。

本当に出会えてよかった。いま思っても胸がいっぱいです。石原さん、渡さん、ありがとうございました。

Profile

ながの・あきひこ

日体荏原高校卒業後、俳優を志し、若駒冒険グループに入会。'73年、グループ12騎に参加、高倉英二に師事。'76年、渡哲也のスタンドインを開始、絶対的信頼を得る。以来『西部警察』終了まで続ける。7年間の俳優生活の後、引退し、都内のデザイン会社に勤務。'92年長野県安曇野市に転居して、IHIシバウラに入社。2009年営業部長に昇進、名物部長として活躍。2020年定年退職。現在安曇野市穂高に居住し、夫人と長男の三人暮らし。

日曜日夜8時の国民的人気ドラマ『西部警察』
巽総太郎×鳩村英次のクールで熱い
お蔵出し秘蔵フォト！ 1979-1984

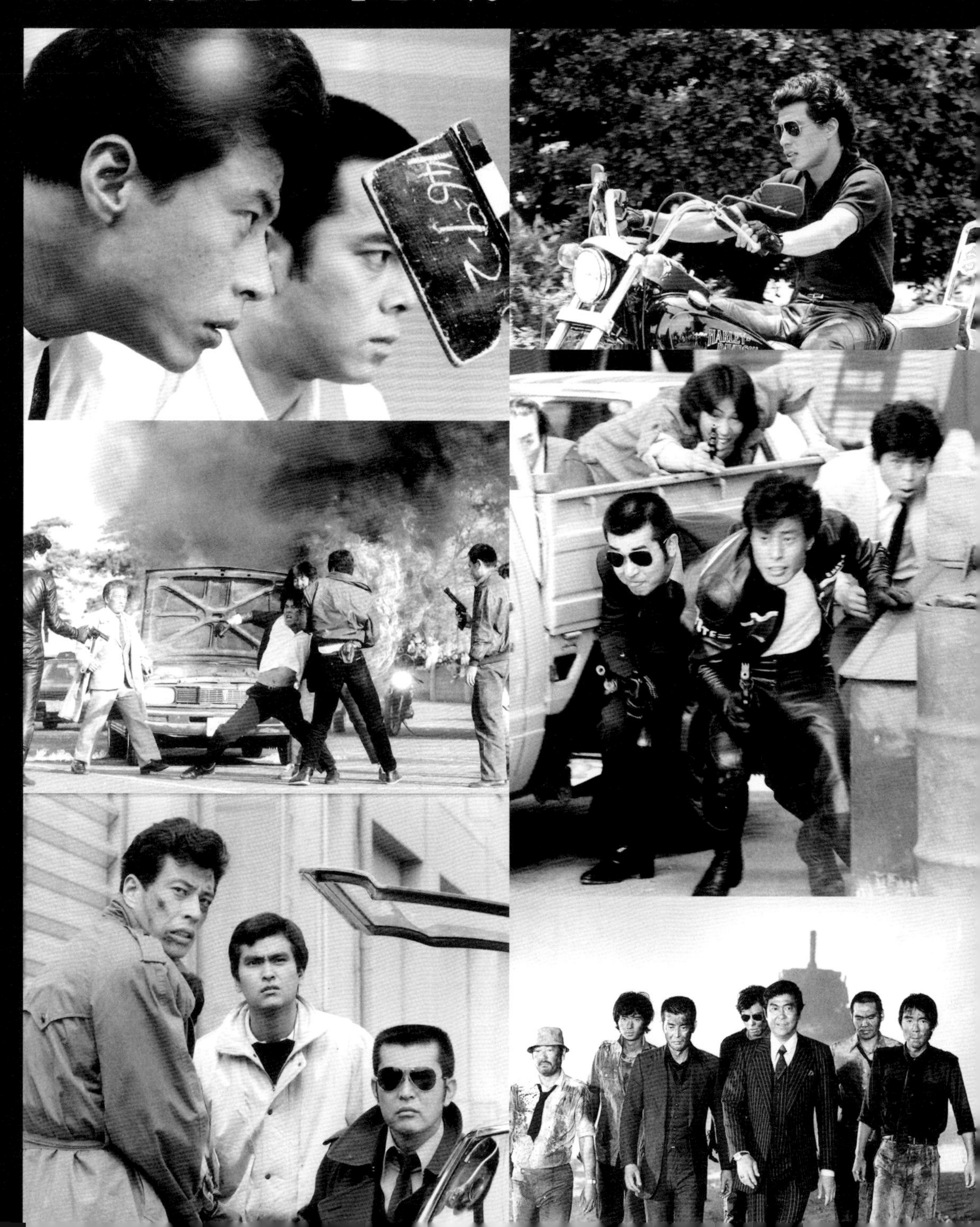

LADY BIRD

品川44

水

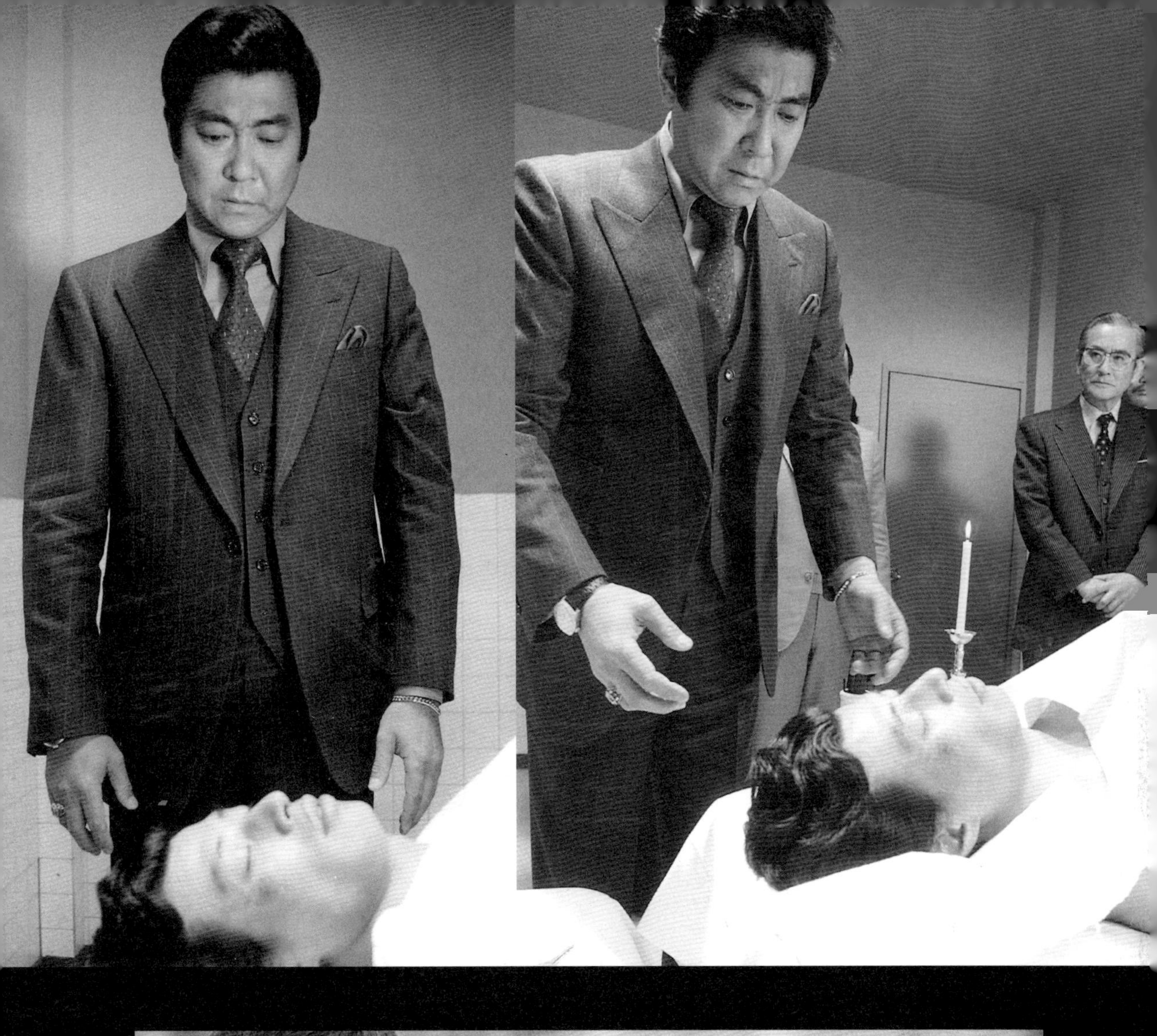

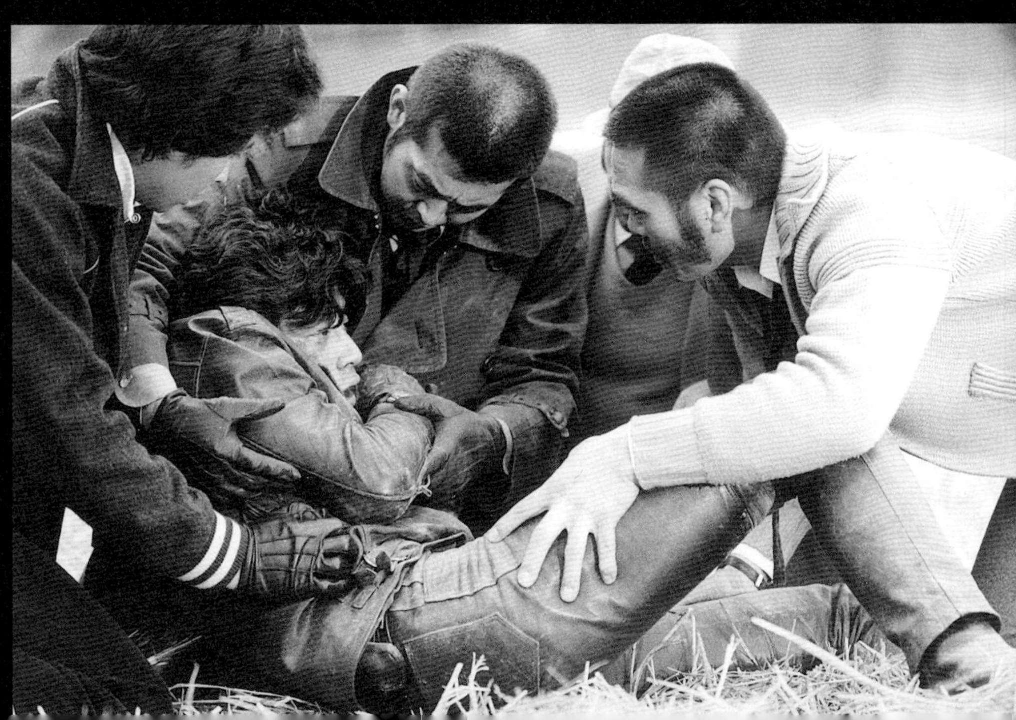

県

福機 9
NISSAN
27-56

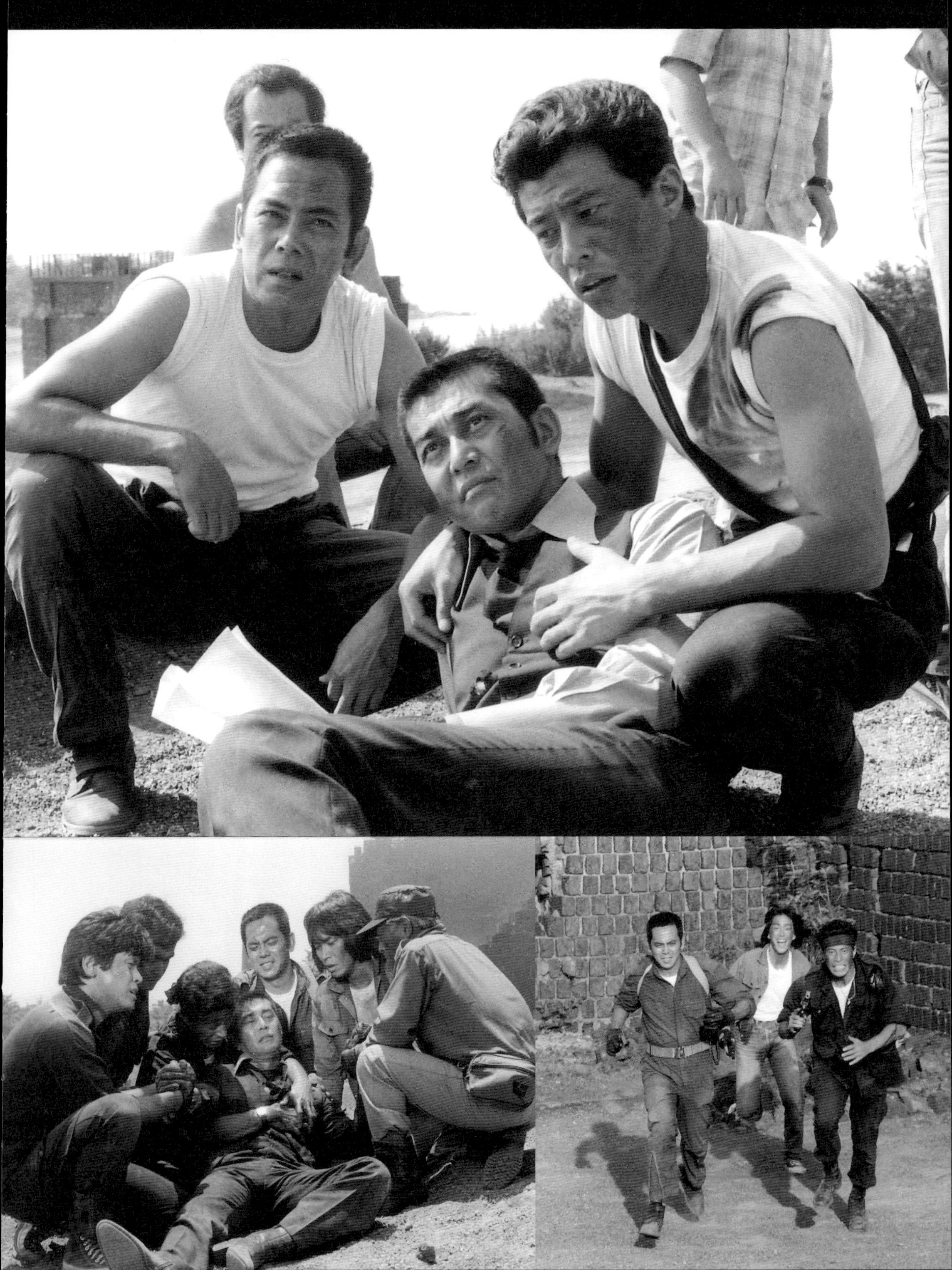

『西部警察』が生んだ〝第三のスター〟、舘ひろしは裕次郎、渡の教えを胸に、今も輝き続ける

　昭和40～60年代は、映画に代わりテレビからスターが生まれる時代となった。特に日本テレビ系で放送された『飛び出せ！青春』（'72年）などの青春シリーズや『太陽にほえろ！』（'72～'86年）などの刑事・アクションドラマからは大勢のスターが生まれた。石原プロは『大都会PARTⅢ』（'78年）を最後に活躍の場を日本テレビからテレビ朝日に移し、よりパワーUPしたアクション巨篇の『西部警察』をスタートさせた。『大都会』シリーズで人気者となった寺尾聰、峰竜太、苅谷俊介らは『西部警察』でその人気をより堅固なものに。そしてその『西部警察』からは新たにひとりの若手スターが誕生した。言わずと知れた舘ひろしだ。

　舘は『西部警察』出演時点でもそれなりのキャリアはあったが、やはりその名を一躍全国区にしたのは『西部警察』に他ならない。小林正彦専務（当時）から「どんな刑事を演じたい？」と聞かれた舘は、「ハーレー（ダビッドソン）に乗りたいです」と答え、彼が演じるタツこと巽総太郎刑事のキャラクター設定に反映された。『大都会PARTⅢ』も第1話から犯罪者がバズーカ砲で喫茶店を吹き飛ばすような内容ではあったが、ギリギリのところでリアリティを保っていた。その壁を一気に取り払ったのが『西部警察』だったし、だからこそ舘もそこに〝意気〟を感じて二度目のオファーに応えたのだろう。果たして〝バーレーを駆る刑事〟タツはたちどころに人気者となった。そんなタツも第30話で幼稚園児たちを時限爆弾の爆発から助けて殉職。舘は番組から退場することに。これは当初よりの約束で、2クール（全26話）の予定だったから寧ろひと月延長している。それから約1年半後、舘は番組に帰って来た。同じ番組に同じ俳優が、全く別のキャラで再登場するなど前代未聞。

　この舘の復帰は、渡哲也と小林専務より、ほぼ同時に提案されたという。その背景には第88話の撮影中、石原裕次郎が大動脈りゅうで倒れ、長期入院を余儀なくされたこともあった。裕次郎不在の穴を埋める窮余の一策として、人気の舘の再登場に思い至ったことは想像に難くない。舘自身も〝世話になった石原プロのピンチに駆けつけたい〟と思ったかもしれないが、やはり心酔する渡への想いが根底にあったのだろう。神宮外苑の絵画館前広場で行われた『西部警察　PART－Ⅰ』（'79年）の記者会見。その直前に、近くの喫茶店で渡と初対面を果たした舘は、店に入って来た彼の姿を見るや立ち上がり、「舘君ですか？渡哲也です。宜しくお願いします」と勧んで握手を求めて来た渡の態度に感激。以来「この人に付いて行こう」と心の底で誓った。それはかつて裕次郎が渡に対してしたことの再現であり、渡の裕次郎への思慕の継承だった。舘がハトこと鳩村英次役で再出演するに際して、石野憲助プロデューサーは「クドクド説明するのはいっさいやめたんです。『西部警察』という番組はそういうもんなんだということで」と語ったが、この思い切りのよさこそが〝西部警察'ism〟と言えよう。

　ハトはタツ以上に舘自身のパーソナリティーを反映したキャラとなり、特別車輌機動隊、通称・特機隊と呼ばれる白バイ30機で編成される部隊のリーダーに就任。そのまま大門軍団傘下に入った。この特機隊は『PART－Ⅱ』に入ると、日本全国縦断ロケーションやスーパーZにマシンRSという2大ニューマシンの投入等によって次第に影を潜め、番組後半で姿を消すが、舘のオートバイ好きは変わらず作品に反映。『PART－Ⅱ』第3話よりハト専用マシンとしてSUZUKIの刀（KATANA）が導入された。日産スポンサーの番組としては異例のことだが、これも舘人気ゆえのこと。〝ハトが駆るかっこいいバイク〟ということで刀は人気を博し、その普及に一役買った。さらに『PART－Ⅲ』第60話（'84年）では〝ハト自らが発案・オーダーした〟という設定で、舘自身の発案によるニューマシン・刀（KATANA）Rを登場させ、フィクションと現実を見事にシンクロさせていた。

　また、ハトは『PART－Ⅱ』の〝オキ〟こと三浦友和演じる沖田五郎刑事、『PART－Ⅲ』の〝大将〟こと柴俊夫演じる山県新之助刑事と名コンビぶりを発揮。オキも大将も明らかに〝ヤング大門圭介〟として登場したキャラだったが、ハトは決してナンバー3の座に陥ることなく、そのバディとなってナンバー2を保持。これも舘生来の〝人間力〟、〝役者力〟の為せる業だろう。

　メインの脚本家のひとり、柏原寛司は、この舘と三浦、柴とのバディぶりから後の『あぶない刑事』シリーズ（'86～'16年）の、舘演じるタカ（鷹山敏樹）と柴田恭兵演じるユージ（大下勇次）コンビのキャラクターを発想したという。実際、ハトがメインの『PART－Ⅲ』第67話などは既にお話全体の雰囲気が『あぶデカ』になっていた。

　最終回、敬愛する大門団長の死を乗り越えたハトは、その20年後、大門の遺志を継いで〝ハト軍団〟のハト団長となっていた。そして殉職した筈の大門団長は、かつての木暮謙三課長（石原裕次郎）のポジションに……。21世紀に入っても〝西部警察'ism〟は立派に継承されていた。

　『西部警察』から生まれたスター、舘ひろしは今も輝きを増し続けている。その舘を通して、我々視聴者は『西部警察』という〝一生もののお宝〟をもらったのだった。

（岩佐陽一）

名作プレイバック

石原プロ製作第1回テレビ作品

大都会PARTⅡ

（日本テレビ系）

松田優作の飛翔伝説を生んだ作品

石原裕次郎
外科医・宗方悟郎

×

渡哲也
刑事・黒岩頼介

1977年（昭和52）4月5日第1話放送スタート～1978年（昭和53）3月28日第52話・最終回放送

宗方悟郎
［渋谷病院勤務外科医］

石原裕次郎

黒岩頼介

［通称・クロ／城西署捜査一課部長刑事］

渡哲也

徳吉 功
［城西署捜査一課刑事］
松田優作

宮本兵助
[通称・弁慶／城西署捜査一課刑事]
苅谷俊介

上条 巌
[通称・サル／城西署捜査一課刑事]
峰 竜太

神 総太郎
[通称・ジン／城西署捜査一課刑事]
神田正輝

大内 正
[通称・坊主／城西署捜査一課刑事]
小野武彦

丸山米三
[通称・マルさん／城西署捜査一課刑事]
高品 格

武井 勉
[城西署捜査一課 課長]
小山田宗徳

305
吉野

大都会PART
制作発表記者会見

裕次郎、渡、優作、3大スター夢の競演となった『大都会 PART Ⅱ』は『西部警察』の原点だった

『大都会ＰＡＲＴⅡ』はタイトルが示す通り『大都会―闘いの日々―』（'76年）の続編、というよりシリーズ第2弾として'77年4月5日〜翌'78年3月28日まで、全52話が日本テレビ系で放送された。基本、前作のキャラクターや作品世界を踏襲しつつも180度、方向転換した作品となった。この世界観のリニューアルに際して、石野憲助・山口剛両プロデューサーは、前作のメインライターである倉本聰に話を通し、事情説明した上で了承を取り、新たに永原秀一にメインライターを依頼した。永原は『西部警察』シリーズでもメインを務めた、無類のアクション派ライター（脚本家）。その背景には製作会社たる石原プロモーション社長・石原裕次郎の「今度は数字を獲っていこう！」の鶴のひと声があった。確かに『大都会―闘いの日々―』は〝テレビで毎週観る映画〟と評判を呼び、内外でも高い評価を得た。作品のクオリティは当時も今も最高級と断言して差し支えない。だが、視聴率的には決して裕次郎の満足のいくものではなかった。

何しろ自分が出ている『太陽にほえろ！』が常時30％近くを弾き出していた時代。賭け事好きの裕次郎は、当時の日本テレビの編成局長に「20％を超えたら100万円、ボーナスでくれないか？」と自ら掛け合った。いかに銀幕の大スター・裕次郎といえどそう簡単にテレビで20％の数字は獲れまいと思う一方、獲って欲しいとの願いも込めて、編成局長はその申し出を承諾。結果、裕次郎は〝数字を獲るために〟完全なアクション路線に舵を切ることを決意。その意を汲んだ二人のプロデューサーが永原に内容の舵取りを託したのだ。それが〝第一の戦略〟で、続いて〝第二の戦略〟且つ〝切り札〟として投入されたのが、かの松田優作だった。

当時の優作は、さる不祥事で謹慎を余儀なくされ、映画・テレビ界からは遠ざかっていたが、その本格復帰第1弾が前作『大都会―闘いの日々―』第4話だった。優作のデビュー作『太陽にほえろ！』の上司＝ボス役、裕次郎社長の石原プロ作品、それも裕次郎との再共演で復帰を果たすとは、よくよくの〝縁〟を感じてならないが、ここにもうひとつの縁があった。後にタッグを組んで、『蘇える金狼』（'79年）や『野獣死すべし』（'80年）などの傑作映画を生むことになる村川透監督だ。じつは村川監督も、数年ぶりにこの『大都会―闘いの日々―』第4話で監督として復帰を果たした。故郷・山形県に戻り、実家の陶芸店の営業で地元デパートに勤務していた村川は、日活時代の師匠・舛田利雄監督と全くの偶然で再会（舛田監督が仕事で訪れたわけではなく、単なる観光で来ていたというから驚きだ）。師、じきじきに監督復帰を促され、東京に戻った舛田からその話を聞いた裕次郎が「だったらこれから撮る『大都会』の監督に……」というひと言が切り札となり、村川の監督人生がＲＥＢＯＯＴしたことは前号でも書いた。その村川は故郷で悶々としている時、『太陽にほえろ！』の優作のジーパン刑事を観て、「いつかこの男で映画を撮ってやる！」と心の底で誓っていたというから、これはもう天の巡り合わせというか〝人の運命〟というものを感じてならない。そうして見事復活した優作と村川は次なるステージ『大都会ＰＡＲＴⅡ』へと向かうことに。

マスコミは連日こぞって、裕次郎・渡・優作の揃い踏みを〝3大スター夢の競演〟と書き立てた。優作の本格レギュラー入りに際して裕次郎の強いプッシュがあったという逸話と、多少の難色を示したという2説があるが、今となっては真相を確かめる術はない。後者の説は、製作会社社長という立場としては致し方ないことと思うが、いずれにせよ渡の「優作の面倒は俺が見ます！」の言葉で決定したことだけは確かだった。「テツがそう言うなら……」ということで裕次郎社長も納得・安心。優作は晴れてトクこと徳吉功刑事役で1年間のレギュラーを全うすることとなる。ここで再び優作人気が再燃。彼が新たに開眼した、アドリブ主体のコメディ演技が話題を呼び、第25、37話などは優作のアドリブが全開・炸裂！それに刺激を受けたメインライターのひとり、柏原寛司は優作の新たな魅力に気づき、後の『探偵物語』（'79年）で優作演じる主人公の探偵・工藤俊作のキャラクター作りにそれを活かした。また、坊ズこと大内正役の小野武彦を始め共演者の多くも影響を受け、中盤以降、劇中で優作と激しい（？）アドリブ合戦を繰り広げることに。その影響力たるや凄まじいものがあり、渡ですら第42話ラストで、両手を骨折し、包帯ぐるぐる巻きで固定されたトクを見て「鉄人28号じゃないか」という、彼らしくもないアドリブゼリフを披露。直後のリアクションも含めて優作が発するアドリブを凌ぐ勢いで視聴者の爆笑を誘った。もちろん当初の〝アクション強化〟という作戦も当たり、『大都会ＰＡＲＴⅡ』はついに第12話で念願の20％を達成。先の編成局長はしぶしぶ、しかし内心では喜びながら公約を果たしたという。当然、石野・山口両プロデューサーは優作へ続投をリクエストしたが、優作はそれを固辞。石原プロも住み慣れた日テレを去り、新たなステージとなるテレビ朝日で『西部警察』をスタートさせた。

『大都会ＰＡＲＴⅡ』が石原プロと優作に残したものはあまりにも大きい。おそらくこれがなければ『西部警察』も『探偵物語』も生まれなかったことだろう。石原裕次郎、渡哲也、松田優作にとって偉大なる転機となったモニュメント、それが『大都会ＰＡＲＴⅡ』だった。

（岩佐陽一）

石原プロの流儀

あの大ヒット作品は
こんな物語があった。
西部警察前夜——中編

石原裕次郎、
渡哲也、
小林正彦の絆

1987年（昭和62年）1月、ハワイ石原裕次郎別荘近くで。

『西部警察』は快調に飛ばした。営業面でコマサが飛びまわり、現場は渡がまとめた。裕次郎は、そこにいるだけで万鈞(ばんきん)の重みがあり、出演俳優やスタッフの志気は上がる。

　そんな裕次郎を表して、コマサが渡にこんなことを言ったことがある。

「石原裕次郎のことを大スターと呼ぶけど、俺は違うと思っている。スターってのは夜空に輝く星だろう？　満天を見上げりゃ、数え切れないほど星が輝いている。裕次郎は星じゃなくて太陽なんだ。

　そこにもいる、ここにもいるなんて人じゃない。たった一つしかない太陽だな。真っ青い空を仰いでみろよ。眩しすぎて、誰だって目を細めてしまう。それが石原裕次郎なんだ」

　渡は小さくうなずいたものだった。

　その渡が、『西部警察』では撮影スタッフの前面に出て牽引した。寡黙で、出しゃばることを嫌う男だが、『西部警察』の成否に石原プロの将来がかかっている。その自覚と責任感が渡を駆り立てるのだろう。「大門圭介」を熱演するのはもちろん、演技はもちろんだが、撮影現場の〝軍団長〟として睨みをきかせた。

「専務、〝団長を探せ〟って合い言葉を知ってますか？」

　昼休み、スタッフの一人が〝ロケ弁〟をパクつきながらコマサに話しかけた。

「なんだ、そりゃ？」

「渡さんですよ。撮影開始時間の二時間前には現場入りしちゃってましてね。自分らの目のつかないところに車を停めて待機してらっしゃるんですよ」

「そりゃ、気合いが入ってるな。『大都会』のときは時間どおりか、せいぜい小一時間前だったろ」

「はい」

「なんで〝団長を探せ〟なんだ？」

「渡さん、気をつかう人ですからね。目のつかないところに停めるのは、撮影開始まで、自分が来ていることをスタッフに知らせないようにするためでしょう。だからスタッフも渡さんの気持ちを汲んで、気がつかないふりをしているんですが、一応、渡さんの所在を確認しておかないと、失礼があったら困りますから」

「それで〝団長を探せ〟か」

二人は12月28日生まれなので誕生日を一緒に祝うことが多かった。

コマサが愉快そうに笑った。

あとで裕次郎にこの話をすると、

「テツらしいな」

と感心しながら、主演者にして撮影の統括責任者であるテツがどこかで待機しているという思いは、スタッフに

舘ひろしが、若手の先頭に立って軍団を牽引した。

緊張感を生み、この緊張感が結束力につながる。テツのことだから、そこまで意識してやっているのだろうと裕次郎は思った。
「そう言えば、テツのやつ」
とコマサがニヤニヤしながら、
「きょうロケ現場で若い女性ファンから〝哲ちゃ～ん〟て黄色い声を出されたら、〝ハ～イ〟って手を振ってましたよ。精一杯のサービスなんでしょうが、テレ屋のテツが変わったもんですな」
「いや、変わっちゃいないさ。無理して頑張ってくれてるんだろう」
「スタッフの若いのが煙草の吸い殻をポイ捨てしたらテツが怒りましてね。〝ファンの前で何やってんだ！〟って怒鳴りつけて、すぐに拾わせたんですけど、あとでその若いのを陰に呼んで、〝俺たちは石原プロの看板を背負ってロケしてるんだ〟って説教していましたよ」
「空手二段で、大学時代は鳴らした猛者だからな。若いコもこたえただろう」
裕次郎が笑った。

渡哲也という男

「ほかのプロダクションが十やるなら、ウチは百やる」
これが、渡哲也を筆頭にした石原プロの精神だった。
「十やるなら、十やればいいや」
というようなことがあれば、他人様の前で恥をかくことになる。
時には渡のビンタも飛んだ。
〈殴られてその理由がわからないようなヤツは、ウチの会社には一人もいない〉
それが渡と裕次郎の考えだった。
一つのお仕置きというのか、一人ひとりの自覚をうながし、組織をまとめるためには、非常に意義のある方法だろう。
殴るという行為は、決して野蛮じゃない。その立場、立場で部下を的確に注意と喚起をうながす行為だと二人は思っている。
その役目——気の進まない役目を、石原プロでは、渡がやってくれていた。
では、どんなときに渡はビンタを張るか。
たとえば、こんなことがあった。晩秋の北海道に、ロケに行ったときのことだ。
オロフレ峠に登って、そこで裕次郎がコーヒーを飲むシーンを撮る予定だったが、担当スタッフがコーヒーカップを忘れてしまったのだ。
担当者は青くなった。麓まで行って帰ってくるのに、たっぷり三時間はかかる。貴重な時間が無駄になる。けれど裕次郎がここでコーヒーを飲まなければ撮影は終了しない。別のスタッフが麓に車を飛ばした。
晩秋とあって、峠の寒さが身にしみてくる。裕次郎をはじめ渡や俳優は、じっとカップの到着を待つ。スタッフたちの熱気が次第に冷めていくのがよくわかった。いいものを撮ろうと意気込んでいればいるほど、反動も大きい。
「申し訳ありませんでした」
いたたまれなくなって、カップを忘れてきた担当者が平身低頭に何度も謝る。
間違いは誰にでもあることだ。彼だって、好きで忘れてきたわけじゃない。
「ドンマイ、ドンマイ。次から気をつけろよ」
と、笑って赦すこともできる。
だが渡は違った。
満座の中で、担当者にビンタをくらわした。スタッフたちの熱気を冷めさせないために、彼に喝をいれた。それが渡の意図であることが、裕次郎、コマサにはよくわかった。
「それが自分の役目です」
と、あとで渡は言った。
憎まれ役だ。いい役回りじゃない。だけど渡は、それが石原プロにおける自分

「俺は裕次郎さんのためには命を賭す」小林正彦元専務

の役目だと言い切り、それを敢然と実行してみせた。

〈たいした男だ〉裕次郎は感心した。

本来、渡は感受性がとても強い人間だ。だから自己嫌悪に陥ることもある。

オロフレ峠の撮影から宿に帰った夜、渡は飲めない酒を一人で黙々と飲んでいた。

〈渡哲也は、そういう男なんだ〉

裕次郎は改めてこの男と出会ったことに誇りを持った。

渡哲也という男は、1＋1は2でなければ納得しない。「私」より「公」を第一義とする。

人に迷惑をかけることを何より嫌悪する。この一本気の性格を理解さえしていれば、打算も駆け引きもない人間なので、なんともつき合いやすい。だが「この男はわがままを言っている」と判断すれば、仲間であっても許さない。そういう激しさがあった。

こんなこともあった。

現場の統括責任者が死守すべきことは、撮影スケジュールである。このことで、渡はレギュラー出演している苅谷俊介に激怒した。捜査上のミスを犯した苅谷が、上司の渡に「拳銃をよこせ」と言われるシーンで、どういう差し出し方をするかをめぐって監督と意見が衝突したのだ。

「思い入れを強調すべきだ」

と主張する苅谷に対して、

「いや、さりげなくだ」

と監督は譲らない。

苅谷が頭にきて、

「考えてみりゃわかるだろう。拳銃は刑事の命だぜ。その命を差しだすということは、本人にしてみれば刑事生命を絶たれるということなんだ。だから、そうした意味をこめた演技をすべきだろ！」

「いえ、そうじゃなくてスッと渡してください」

「だから、それはちがうと言ってるだろ！」

苅谷が食ってかかったところで、

「もういい！」

渡が激怒し、背を向けると足早にロケバスにもどってしまったのである。プロデューサーの石野があわてて取りなしに行ったが、渡は降りようとしなかった。

苅谷は苦学して東宝芸能学校演技科を卒業後、日米合作映画『トラ・トラ・トラ！』の助監督を経て昭和四十六年、渡主演の松竹映画『さらば掟』で映画俳優デビュー。これが縁で石原プロに入った後輩社員だった。角刈りの大柄な体で、考古学のアマチュア研究家としても知られている。渡は五歳年下のこの役者を可愛がっていただけに、撮影進行の足を引っ張る形になった苅谷に怒ったのだ。手を出さなかったのは、「苅」と親しみをこめて呼び捨てにする仲であったからだろう。

演技プランを戦わすのはいい。渡はそう思っている。役者と監督の真剣勝負において両者がぶつかることは当然ある。渡自身には、それはない。シナリオを読んで自分なりにキャラクターを決めると、そのキャラクターでしか演技をしないからだ。「このキャラクターは涙なんか見せるはずがない」と決めたら、泣くシーンはいっさいNG。シナリオに「そこで泣く」と書いてあれば、

「俺はこの役はやらない」

最初からハッキリと出演を断ってしまう。

だから演技プランをめぐって監督とぶつかることはないのだが、自分の場合はともかく、ほかの役者が激論することには理解を示していた。ただし、「撮影時間に余裕のある場合は」という条件がつ

小林正彦元専務（中央）と金宇満司元常務（右）は石原プロ発展に尽力した。

く。製作スケジュールがタイトなテレビ映画シリーズでそれをやるのは、渡の目には役者のわがままと映ったのだった。

冷静になった苅谷はすぐさまロケバスに走った。

「すみませんでした。自分の演技のことしか考えないで、皆さんにご迷惑をかけてしまいました。申し訳ありません。もう一度、来てください」

頭を下げて詫びると、

「わかった」

とだけ告げて、渡は現場にもどった。反省して詫びている者に追い打ちをかけない。これが渡の流儀だった。撮影は何事もなかったように再開された。

苅谷が素直に頭を下げたのは、渡の性格をよく知っていたからだ。厳格な態度は責任感によるものであって、渡自身は〝情の人間〟である。

苅谷は渡に恩義があった。

あれは昭和五十三年の暮れのことだった。『大都会ＰＡＲＴⅢ』の第二十四話「冷血」の撮影中、苅谷の妻が卵巣嚢腫で入院することになった。苅谷は脇役として地歩を占めていたが、ギャンブルにのめりこんでいたため給料は右から左。生活は〝自転車操業〟だった。そこへ妻の入院である。苅谷は頭を抱えた。この日、撮影は東京・五反田の市場の屋上で行われた、犯人役ゲストのガッツ石松を相手に立ち回りのシーンを撮ったが、頭の片隅にお金のことがこびりついていて、演技に身が入らなかった。

そんな苅谷を、渡はじっと見つめていた。

「苅、ちょっと」

撮影が終了してから、渡が苅谷を呼び止めると、

「お見舞いには花が普通なんだけど、失礼かもしれんが取っとけ」厚みのある封筒を差し出した。

渡が立ち去った後に開けて見ると十万円——当時、大学卒の初任給ほどの現金が入っていた。

妻が入院することは伏せていたが、どこからか渡の耳に入ったのだろう。苅谷は屋上の手すりを握って男泣きしたのだった。

その苅谷に対しても、撮影進行のさまたげになるような〝わがまま〟は決して許さなかった。

「私」より「公」。渡の信念はいささかも揺るがなかった。

規律の徹底の一方、スタッフたちの団結と意思疎通、そして絆を深めるため、休日にスタッフたちを自宅に招き、麻雀大会をしたり、食事をご馳走したりした。あるときなど七十人くらいが集まり、自宅に入りきれず、近くの中華料理店を借りたこともある。

石原プロ社員の峰竜太は、〝ひょうきん者の刑事〟として『西部警察』でお茶の間の人気者になったが、渡の人物評について取材で問われると、

「仕事に関しては、それはシビアな人ですよ。存在感があって、現代的な〝明治の男〟という感じがします。かといって、けっして堅いばかりではない。女の話とか助平な話もしますしね。いつだったか、いつも難しい顔しているから、何考えているんですかと

聞いたことがあるんです。そしたら〝何も考えていない〟って……」

と語って笑いをとっている。

一人で何時間も焚き火をじっと見つめている渡がいて、心を鬼にしてスタッフに鉄拳を振るう渡がいる。そして、時に垣間見せる稚気……。どれもが素顔の渡だった。

その渡に憧れて参加したのが舘ひろしだった。

ワイルドでクールな刑事役の俳優を探していた石野プロデューサーは、東映で活躍する舘ひろしに白羽の矢を立てた。

ロックグループ元クールスのボーカリストとしても人気があった舘はたちまちのうちに『西部警察』によってスターの座を確実にした。

一度殉職という形で『西部警察』を離れたものの渡とコマサの強い説得によって復帰。以後石原プロの中心的若手俳優として貢献していった。

小林正彦（コマサ）という漢

「コマサ」という呼び名は、「小林正彦（こばやしまさひこ）」の姓と名を縮めたのが発端だが、いつしか清水次郎長を支えた「小政」のイメージで語られるようになる。渡と同様、コマサはそれほどに〝裕次郎親分〟に心酔していた。

昭和十一年一月一日、三重県四日市に生まれる。生年月日はすべて「一」が並ぶ。そのせいでもあるまいが、「なんでも一番でないと気がすまない人」という言葉が、何よりコマサの人となりをあらわしている。

高校卒業後、コマサはYMCAホテルマン専門学校を出て、昭和三十二年、東京日比谷にあった日活ホテルに就職する。コマサの弟も兄の影響を受けて昭和二十九年にマリリン・モンローが宿泊するなど名門として知られた、赤坂のホテルニューオータニにホテルマンとして入社している。

高度経済成長の波に乗ってホテルは大繁盛で、ベルボーイやポーターをしていたコマサは面白いようにチップが入ったが、バクチ好きで、勤務が明けると客相手にトランプ賭博にふけっていた。

就職して二年目の夜のことだった。宿泊客の外国人レスラーとホテル内でトランプ賭博をやっていると、外国人レスラーが酔っぱらって暴れはじめた。これに血の気の多いコマサが頭にきて箒（ほうき）の柄で殴りつけたのである。コマサの父親は元職業軍人で、スパルタ教育の一環として少年時代は柔道を習わされており、ケンカには多少の心得があったとはいえ、相手は外国人レスラー。それでもカッとくればお構いなしで突っかかっていく。コマサはそういう男なのだ。

理由はどうあれ、従業員が客を殴りつけたとあっては弁明の余地はない。日頃から乱暴な言動に眉をひそめていた日活ホテルの上層部は、

「小林はホテルマンには向かない」
　として、調布にあった日活撮影所に移動させたのである。日活ホテル勤務は日活グループのエリートコースだから、これは左遷ということになる。
　撮影所でもコマサの評判は知っているので、
「お前みたいなデキの悪いやつは地方に行って、すこし勉強してこい」
　と言われ、いきなり地方ロケの担当からスタートするが、すぐにその才能を発揮して製作スタッフから一目置かれるようになる。
　舛田利雄監督で、小林旭主演『対決』のロケが利根川で行われたときのことだ。子役が舟から川へ飛び込むシーンで、怯えてしまった。このままでは、わざわざ千葉県の流山まで来ながら撮影は中止にせざるを得なくなる。
「困ったな」

２人の漢（おとこ）と糟糠の妻、まき子夫人に支えられ大動脈瘤手術から奇跡の生還を果たした裕次郎。

　舛田監督が頭を抱えていると、同じ船に乗った演技事務のコマサが、
「自分にまかせてください」
　と言うなり川に飛び込み、子供が乗った小舟に泳いでいって、
「おい、坊主！　おじさんがここにいるから大丈夫。飛び込んだら、おじさんがすぐ抱きとめてやる！」
　怖がって足をすくませていた子役がコクリとうなずいて立ち上がると、
「監督、カメラ回せ！」
　と叫ぶや、自分はカメラに映らないよう川のなかに潜ってスタンバイしたのである。こうしたコマサの機転と行動力が何度か続くうちに、
「あの男は使える」
　という評判になっていくのだ。
　裕次郎が、「コマサ」という名前を耳にするのは、コマサが撮影所に移って二年後の昭和三十六年の春先のことだった。
　この年の二月十四日、将来を嘱望された若手人気俳優の赤木圭一郎が、日活撮影所内でゴーカートを運転していて激突する。赤木は撮影所近くにある慈恵医大第三病院の二階十七号室に救急搬送されるのだが、このとき撮影スタッフとして赤木の担当をしていたコマサが、面会謝絶の病室の前で寝ずの番をした。撮影所の上司から「誰一人病室に入れてはならぬ」と命令されていた。
　日活撮影所の山崎辰夫所長がすぐに駆けつけてきたが、
「入ってはいけません！」
　コマサがドアの前に仁王立ちになった。
「俺は所長だぞ！」
「駄目です」
「バカ野郎！　お前は立場がわかって言ってるのか！」
「いくら所長でも、駄目なものは駄目です」
　コマサは頑として拒否した。
　赤木は一週間後に亡くなるのだが、病室をガードしていた男のことが日活幹部の間で問題になった。
「誰だ、ヤクザなんかを置いたのは！」
　撮影スタッフには知られていても、コマサは幹部たちにはまだ無名で、なんとヤクザに間違えられたのである。
　この話を裕次郎が耳にするのは、志賀高原スキー場で足を複雑骨折して入院中の慶應病院だった。
「面白そうなヤツがいるな」
　と興味を持ち、退院すると、裕次郎のほうからコマサに会いに足を運んだのである。会った瞬間、裕次郎に感じるものがあったのだろう。
「どうだい、これからは俺についてくれないか」
「僕がですか」
「そうだ、やってくれるかい」
　日本映画界を背負って立つスーパースターの石原裕次郎が、無名の若いスタッフにみずからお願いしているのだ。天にも昇る思いであった。裕次郎に自分ごときがつくことは決してあるまい――そう思っていたコマサがどれほど感激しただろうか。こうした経緯があって、裕次郎の作品のすべてにつくことになる。縁の不思議と言ってしまえばそれまでだが、外国人レスラーをブッ叩いたことによって、コマサは運命の糸に引かれるようにして裕次郎と出会ったことになる。

『太陽と呼ばれた男』向谷匡史著（青志社刊）より

スペシャルインタビュー

『西部警察』巽総太郎・鳩村英次刑事役

舘ひろし

「『西部警察』出会いから終了までのすべてを話そう」

『西部警察』シリーズ（'79〜'84年）からもスターは誕生したが、その先鋒は舘ひろしであることに異論を唱える者はないだろう。『西部警察 PART-Ⅰ』（'79年）第1〜30話までタツこと巽総太郎刑事役で出演。殉職降板して後、第109話で新人刑事のハトこと鳩村英次刑事役で〝復帰〟するという異例の衝撃再デビューを飾った舘は、以後シリーズを牽引。同時に自身もスター街道を駆け上がって行く。そんな舘の『西部警察』に特化した証言を、過去の取材から抽出してまとめてみた。番組終了から約37年を経て蘇る、貴重な証言の数々にしばし耳を傾けて欲しい。

すべてが僕の人生の節目となった

既にいろいろなところで何度も語られているとは思うが、まずは『西部警察』シリーズ、そして石原プロモーションとの〝なれそめ〟から。当時、舘は29歳で、ちょうど30歳目前の節目の時期だったという。

舘　『西部警察』を始めたときは29歳で、そこから5年間です。

僕はそれまでテレビをやっていませんでした。東映でデビュー致しまして、それからずっと東映の映画に出ていたんですけど、その前に石原プロでは『大都会』（シリーズ／'76〜'78年）という作品がありまして。最初その番組にオファーを受けたんですが、そのときはお断りしたんですよ。
　でも、もう一度今度は『西部警察』という大きなスケールのドラマをやると言われて、じゃあ「半年だけお付き合させていただこうか」と。そういう流れで最初にテレビ出演した作品が『西部警察』でした。

シリーズを通して最も印象に残っているシーンは『西部警察 PART-II』（82年）第11話で、敵・犯罪組織の放った爆弾の火炎がスーツに引火して、背中が燃え上がるシーンだという。

舘　このシーンはまるでかちかち山みたいですね（笑）。いや、我ながら元気でした。本当にそう思います。背後の爆破から走って来て、カメラ前に飛び込むシーンもあったりして、今だと大体飛び込んだ先にマットなんかが敷いてあって、そこに飛び込むわけですけど、もうそのままの地べたですよ（苦笑）。〝ラグビーをやっていて良かった〟とつくづく思いました。当時は毎日傷だらけでした。ただ一度、団地みたいなところで朝早く車が爆発するシーンを撮ったんですよ。どういうシチュエーションだったかは憶えていないんですが。爆破が終わったらとにかく近くの建物の屋根がこうなってるんですよ。（屋根が凹むジェスチャーをして）そのぐらい大きな爆破だったんです。そうしたら近くの住民の方が「何やってんだー！」ってもう、来ましてね。みんなで平謝りに謝りましたけど。

「撮影当時は毎日傷だらけでした」

舘にとっても『西部警察 PART-I』第1・2話の装甲車レディー・バードは強烈だったという。その思い出を語って頂いた。

舘　あれね、国会議事堂に向かって走って行くんですね。やっぱり一応、一般の車の流れも止めていましたし、警察の許可ももちろん取ってるんですよ。でも、警察の全部の部署に連絡が行き渡っていなかったらしいんです。それでそのときは本当にわーっ！　とおまわりさんが出て来て（苦笑）。「何やってんだー!?」と血相変えて叫ばれてね。本当にテロが起こったと思われたんじゃない？　普通、あんなリアルな装甲車が現れないもんね。

オートバイの名手である舘がバイクのアクションを自ら行うのは分かるが、カー・スタントやボディ・アクションもほとんど吹き替えなしで行っていたという。それが〝石原プロ流〟と言ってしまえばそれまでだが、その辺りの心意気を伺ってみた。

舘　なるべく自分でやるようにしました。ダンプカーに飛び移るシーンなんかも自分でやりました。あれは僕がその頃まだ元気でしたから、〝こういうことができるんじゃないかな？〟と思ったんですよ。〝走ってるバイクからダンプへ飛び移れるんじゃないかな？〟と思い立って監督に相談したら、「確かにそれはいいねって。「やってみる？」って言うから、僕もなんかすごくできそうな気がしてきて。思い切ってやりました。それはすごく上手くいきましたね。恐いとか骨折したらどうしよう？　とかそういう風に思ったことはないです。〝それは出来る〟と思ってやっちゃいますね。

また、燃え盛る炎の中を車がジャンプして飛び出したり、炎の中から人がバーン！　と出て来る危険なシーンも多々あるが、ああいったシーンは角度やスピードも含め、すべて計算され尽くした上で行われていたのだろうか？

舘　その辺はすべてスタントマンのみなさんの計算のもとにやるんですね。すると大体その通りに行きます。ただ、その計算プラス日頃の経験とか、いろいろやっぱりその辺の〝ガン〟みたいなことがあるんですよ。プロならではの。

〝舘流〟銃さばきの〝こだわり〟

オートバイ関係はもちろんだが、どの共演者やスタッフに聞いても舘はものすごく細いところにいろいろと気を遣い、そしてこだわっていたという。ここで特に銃のさばき方や撃ち方についての〝こだわり〟をお聞きしてみよう。

PART-Ⅰのタツは、ワイルド。ハトではダンディぶりを発揮。

館　そうですね、銃に関しましては結構、撮影が終わってから拳銃（のモデル）を借りて、家に持って帰って弾を入れる練習をしたり、プロっぽく入れなきゃいけないとかそういう練習はしました。〝構えるとこうなっちゃう〟っていうのはありますよね。（銃を構えるポーズを取って）つい、こういう風に構えてしまう。よくファンの方には「かっこいい」と言っていただくんですけど、実際のリハーサルのときには「バンバン！」って口で言うんです。火薬の弾丸（たま）が結構高いんですよ。だからテストのときは「はい、バーンバーンバーン！」って自分で口で言いながらやるんです。いい大人が情けないです、本当に（苦笑）。ですから渡（哲也）さんが嫌がりましてね。

元石原プロの石野憲助プロデューサーも『西部警察』の魅力は『必殺仕事人』（'79）と同じ」と事あるごとに語られているように、〝とにかく悪いやつは徹底的にやっつける〟という精神にのっとり、基本、勧善懲悪に徹していたという。その面白さ、楽しさは、出演者である館自身も感じていたのだろうか？

館　面白さというか、悪人に理由は要らない……エクスキューズなしみたいな形ですから。犯人をナイフで刺す回もあったりして、あれはちょっとやり過ぎですよね？（苦笑）犯人に対する情状酌量とかそういったことは関係ない。どうして捜査しただとか、本当だったらきちんと逮捕令状を取らなきゃいけないとかあるじゃないですか？　もうその辺の描写が一切ないですもんね。でも、僕を始め出演者たちは毎日、撮影がすごく忙しいので、当時は細かいことがいっさい気になりませんでした。

『西部警察』といえば日本全国縦断ロケーション、という視聴者・ファンも少なくないだろうが、特に館はそこで得意の歌も披露していた。『西部警察　PART-Ⅱ』第38話のラストや『西部警察　PART-Ⅲ』（'83年）第33話など。〝歌う刑事（デカ）〟というのも前代未聞だったのでは？

館　いや、お恥ずかしい（苦笑）。無茶苦茶ですよね？　人々の記憶に残るということは、こういった面からも来るのかもしれませんね。残らないでほしい部分もありますけど（苦笑）。だけどやっぱり全国縦断ロケはすごかったですね。一番すごかったのは大阪でした。大阪城でのイベントです。公称12万人で、入れない方が3万人……ですから事実上15万人くらい集まっていただいた。とにかく、地平線の向こうまで人、人、人ですから。それが少しずつ前に向かって揺れて押し寄せてくるんですよ。あのときは本当に大変で怖かった。

データによれば、観客が10万人を超えたコンサートはALFEE、LUNA SEA、ラルクアンシェル、B'z、GLAY……と、そうそうたるアーティストの名前が並ぶが、どこを見ても〝12万人〟という数字がない。唯一GLAYが一度だけ同じ数字を弾き出している。

館　今では考えられないですね、本当に。当時、石原さんは「これだけの人出を見ますと、昔の日活時代の映画黄金期を思い出します。こういう力みたいなものが僕をもう一回蘇らせてくれた気がします。もうそれは本当にありがたいことですね」と仰ったんですが、確かに俳優ってそうですよ。みなさんの力でどこか自分にエネルギーをもらって、それを画面で出して行く……っていう部分があるんじゃないですか？

それから、そんな『西部警察』のロケを、現地の本物の警察の方がガードするという（笑）。これも不思議な光景でしたね。

当時、テレビ朝日系の情報番組『トゥナイト』（'80～'94年）や、日本全国縦断ロケで訪れた、静岡県や北海道などの地元ローカル局の特別番組などでも撮影密着レポート番組がたくさん放送された。その中でレポーターは、眼前の壮絶な爆破・炎上を目の当たりにして「パトカーが全部燃えちゃいました！」等の赤裸々なレポートを行っていた。

館　〝全部燃えちゃいました！〟って、すごいレポートだったよね（苦笑）。レポートというか見たまんまを言ったというか。

　それにしてもカー・スタントの三石千尋さんは素晴らしかったです。あるとき車で、本当はドーン！　とぶち当たってすぐに中から出る筈が、どうにも出られなかったんですよ。小林（正彦）専務（当時）が「出ろ出ろ！」って言うんですけど、出て来ないんで、もう専務が力づくで中に入って行って、自ら救出してるんですね。火が回ってしまうとスタントの三石さんの命に関わるということで。

　三石さんは例の運河を飛ぶアクション（『西部警察　PART-I』第104話）で、脊髄をやっちゃったでしょ？　最後まで助かってたのは頭蓋骨だけですよ。本当にすごい人ですよ、三石さんて。

渡さんの身を気遣う 石原さんが忘れられない

他にも忘れられない全国縦断ロケとして、舘は『西部警察　PART-III』（83年）第19話の、福岡・玄界灘ロケを挙げた。玄界灘を舞台に、孤島の崖上に敵アジトを作り、それを爆破して空撮するという大規模な撮影を行ったロケだった。

舘　このときは、爆破シーンの映像を観た石原（裕次郎）さんがすごく怒りましてね。ヘリコプターが煙の中を飛んでるじゃないですか？　あれに渡さんが乗っていたんです。「テツのヘリがあんなとこ飛んでるじゃないか？」と。もう、すごく文句を言ってましたね。「爆破の破片が飛んだらどうするつもりだったんだ!?」って。それが印象に残っています。

　玄界灘でのロケも思い出深いですね。僕らなんかは、こういう海のシーンの撮影があると、朝からいわゆる海パンはいて「泳ぐぞ！」みたいな。「どうせ待つんだから」みたいなことでね（苦笑）。

それでは、そんな大変な撮影から宿泊先のホテルに帰った舘は、当時ゆっくりベッドで休めたのだろうか？

舘　夜が大変でした。私の場合、じつは夜の方が大変だったんです。ロケーション撮影が終わって、全員でホテルに戻り、全員でメシをガバって喰うじゃないですか？　それが終わるとそれぞれ撮影部は撮影部でそのあと呑み会をやるんですよ。ほとんど毎日。俳優部は俳優部でみんなで渡さんの部屋に集まります。それでまた呑み出すんですけれども、僕ら団員はその当時で朝の5時起きが普通でしたから、夜中の0時になるともうしんどいんですよ。でも渡さんはなかなかお酒をやめません。元々はお酒はあまり呑まなかったんですけど、先代（石原裕次郎）の病気の後、きっと悩んでたんでしょうね。結構お酒を呑むようになって。0時くらいになると大体、渡さんが「よし、もう今日はこれでお開きにしようか」って言って、「解放されるかな」と思って部屋に帰ろうとすると、僕だけ呼び止めて、「おいひろし、お前はもうちょっといいだろう？」って言われて。「はい」と言って、その後2時間くらい付き合うんですよ。渡さんは「やっぱり、最後は俺とお前の二人だな」と仰るんですけど。「二人にしたのはあんたでしょ？」って（苦笑）。やっとで、渡さんが「ちょっと眠いな」って言うんで、「よし、じゃぁ寝ようか」となって、ようやく自分の部屋に帰れるんです。でも僕らは大体5時か6時くらいに当日朝の現場なんです。ところが渡さんの場合は大体午後とか、ロケのとき以外でも会社の出社が基本遅いから10時くらいまで寝てられるんです。何せ渡さんの登場シーンは〝いいとき〟だけですからね。僕とかの睡眠は、本当に毎日2、3時間くらいですよ。ほとんど連日ですね。でも、渡さんというか大門団長はどこかからふわーっとヘリで飛んで来てね、ポーン！　と撃ってターッ！　と行っちゃう。あの頃〝スターはいいなぁ〟って思いましたよ、やっぱり。〝早くスターになりたい〟と思いましたね（笑）。

それでは舘が考える全国縦断ロケの意味・意義とはどのようなことだったのだ

神宮外苑で行った『西部警察』製作発表。

ろう？　ストレートに伺ってみた。

館　きっと石原さんが病気のあと、全国のみなさんに直接会って、自分自身でお礼を言いたいっていうか、そういう気持ちがあったんじゃないですかね。

僕自身が全国縦断ロケで一番好きというか、一番感動したのは名古屋の〝煙突倒し〟。これはもう台本をいただいたときにじつは全員でブータレたんですよ。「なんで煙突が倒れるの？」って（苦笑）。だって、刑事ドラマで煙突が倒れる必要がないじゃないですか？　でも専務の「やるぞ！」の鶴のひと声で決まりました。とにかく〝煙突倒し師〟という方がいまして。〝この方向で倒します〟ってあらかじめ言うんです。煙突もやっぱり大きな木と同じで、倒す前に楔（くさび）を入れておくんです。ところがこれがいつ倒れるか分かりません。だから小林専務がみんなに「あんまり大きい声を出すと倒れるぞ」って言ったんですけど、まんざらウソじゃないんです。あれ鉄筋っていうか、補助で煙突を支えている鉄線を少しずつ切って行って……とにかく一発勝負ですから。それで見てたら、専務が「それでは煙突を倒します」って号令を出して「今最後の鉄線を切りました」って続けて、煙突が暫くしてから、ふっと揺れたんですよ。そしたら専務が「まだ回すな！」って言うんです。「大丈夫かな？」って見てたら、それから30秒くらいしてから突然「回せー!!」っていう声があって、ガーッ！　と一斉にカメラを回しました。それから10秒後ですよ、倒れたのが。それで「行ったよ行ったよ！」って歓声が挙がった。これはもう感動的でした。煙突倒し師の方が言ってた場所、そのど真ん中に杭が残ってましたよ。フィルムですからホントにもう一発勝負です。ドラマ的には僕がどういうわけだか煙突というか、犯人のアジトの中にいて……無茶だろって思うんですけど、それを渡さんというか大門が助け出して、二人で出て来るんですよね（苦笑）。それを周りでまた人が見てるんですよ。あれは確か土手沿いでしたよね？　当時聞いたのは2万人くらいという話でした。

ロケで空いっぱいに広がる火を初めて見ました

それでは反対に、館的に〝このロケは困った〟、〝嫌だった〟というものはあったのだろうか？ こちらも奇譚のないご意見を伺ってみた。

館　嫌だったというか、驚いたのは、北海道ロケ（『西部警察　PART-Ⅱ』第29話の90分スペシャル）ですごい爆破があったんですよ。僕はたまたま、爆発のすぐ近くにいて、目の当たりにしました。普通の廃屋を爆破したんです。それがロケの最後の日だったと思うんですけど、ガソリンが余って、灯油とか他にも燃やすものが全部余っちゃって、専務が想定以上に火薬の中に入れたんです。「よーいスタート！」ってドン！　って行ったら、本当に全部火ですよ。空中（そらじゅう）、火（笑）。ワーッと見たら、人生の中でそんな光景を見たのはそれが最初で最後でしょう。人間って、ずっと見上げれば空中、火ってことはないですから。大体自分の見た目線の高さを越えたところまできっと炎が上がってたんでしょうね。僕はもう、空中火だと思いました。それでカットになって、僕は専務に「専務、すごかったですね」って言ったら専務が「サービスじゃぁ〜〜」って笑って言ってました。

それら幾多の爆破・炎上シーンを撮りたいと思う作り手側の意図というのはどういうことだったのだろう？　館自身、〝煙突を倒すために、いい大人が真剣になって取り組む〟という姿勢を語っているが、一体何が作り手側にそうさせていたのだろうか？

館　その方がきっと映画っぽかったし、ドラマがあったんじゃないでしょうか。テレビを超えたかどうかは分かりませんけど。でもどこかで「いつかは映画を作るんだ！」という石原さんや渡さんの夢があって、映画というものに向かってドラマを作っていたところがあったんだと思います。しかし、爆破にこだわった理由というのは改めて……なんでしょうね？（苦笑）でも、爆破自体が持つ力というのは割とドラマティックですもんね。爆破の持つ力は、画面を見事に埋めるじゃないですか。〝俳優の芝居なんて大したことないな〟って思っちゃうときがありますよ。あのすごい爆破には勝てないですもん。

タツの殉職シーンは今観ると恥ずかしい

館は、タツとして殉職し、ハト（ポッポ）として復活を果たす。改めて自分の殉職シーンを振り返った感想、そして当時の想いを語っていただいた。

舘　照れますね。恥ずかしいです、なんか。よく見るとバックミラーがお腹に刺さってるんですね。あんまり〝どういう想いで……〟ってことは考えてなかったと思います。最後にセリフで「寒い!」って言うんですけど、それはきっとおそらく大門に対する自分の甘えだったり、想いだったりで表現できるのかな? ということはあったような気がします。

はい、僕は最初は巽でしたね。そして鳩村となって復活します。これが全然別人という(笑)。やっぱりこの辺が『西部警察』という作品の魅力なんじゃないでしょうか?

最終回、大門団長が殉職。最後に胸に弾丸が当たり、舘演じるハトが駆け寄る。やはり咄嗟に当たったところを押さえる。一生懸命、心臓をさすり「生き返れ!」という熱い願いの言葉すら聞こえて来る感じだ。忘れ得ぬ名シーンだが、それを演じた際の胸中を今、語っていただいた。

舘　皆それぞれ、小澤啓一監督から「自分の好きなお芝居をしなさい」って言われたんです、あのときは。〝自分の好きなことを言っていい〟と。どの団員のセリフも台本に書いてあるわけじゃないんです。僕はあのときは「血が止まらない、血が止まらないよ」って言いました。それはなんでかっていうと自分の中で死というものを最後まで受け入れたくない鳩村だったんじゃないかという気がします。あの後、渡さんが霊安室で寝ていて、先代(石原裕次郎)が滔々と喋るシーンがあったんですね。あれも台本にはありません。だから渡さんも絶対、泣いちゃうと思ったらしいんです。それで聞こえないように耳栓をして寝ていたんですね。聞こえたらきっともう泣いちゃうんじゃないかと思って。死体から涙が出るのはおかしいんで。それで耳栓をして撮影に臨んだそうです。

当時はまだ、俳優としては発展途上だった舘は、どんな想いで裕次郎や渡を見ていたのだろう?

舘　先代の石原裕次郎という人がいて、渡哲也という人がいて、その二人といつもお芝居をご一緒してるわけですよね。そうすると、その二人から受ける影響が強くて。僕の場合、特に渡さんから受ける影響が強くて……僕はそういう意味ではすごく幸せだったのは、〝二人の映画スターを先生に持てた〟ということですね。お二人から影響を受けたのは〝お芝居なんてどうでもいいんだ〟ということ。もっと乱暴に言えば、〝人生まるごと演じてしまえ〟と。そういうことを僕は、たぶん二人から学んだんじゃないかなという気がします。つまり〝人生そのもので勝負しろ〟ということです。

『西部警察スペシャル』について話しましょう

事実上、舘の最後の『西部警察』の出演となった『西部警察SPECIAL』('04年)についても最後に伺った。

舘　この新しい『西部警察』で徳重聡や金児憲史、池田努、木村昇がデビューしたわけで、そこがポイントでしょうね。あとは私が渡さんに代わって団長を仰せつかったわけですけど、昔の団長はヘリでパーッと来て、ドーン! と撃って行っちゃったんですけど、私はいまだに地面を走ってるという、この辺がやっぱり見どころじゃないですか? 変わらずにね(笑)。

「先代(石原裕次郎)に出会い渡さんに出会ったことは、人生においてとても大きかった」

当時、渡はこの『西部警察SPECIAL』の記者会見で、「今回の大門の役柄は少し出世しまして、裕次郎さんのやっていた課長の役を演(や)っております。ですからアクション的にはそんなに活躍するところはないんですけれども、当時、裕次郎さんがやってらしたように、お酒を呑むですとか、大きな立場で舘ひろし演ずる団長以下を大きな目で見守っているという、そういう役柄になります」と語った。

舘　2004年の当時、この新しい『西部警察』を観たみなさんが元気になれるような、そんな作品を作りたいなと、そういう風に思ってハト団長を演じました。勧善懲悪で、理屈なく楽しめるエンターテインメントというか。『西部警察』に出演するということは、故郷に帰った気持ちになるというか……やっぱり自分の原点なんでしょうね。

一生の宝だと思っています。

Profile
たち・ひろし
1950年3月31日生まれ。愛知県出身。'75年、ロック・グループ、クールスで「紫のハイウェイ」を歌いデビュー。人気を博すも2年後「ハロー・グッドバイ」を最後にクールス脱退。ソロ・デビューは「LOVE LETTER FROM U.S.A」。映画デビューは東映映画『暴力教室』('76年)。'84年「泣かないで」のヒットで紅白出場も果たす。俳優としても活躍し、『西部警察』シリーズ出演を機に石原プロに入所。主な出演作にTV『あぶない刑事(デカ)』シリーズ、映画『アルキメデスの大戦』('19年)など。'21年、石原プロの解散に伴い独立。舘プロを設立。

独占インタビュー

裕次郎さんが妥協を許さないで作り上げた『西部警察メインテーマ曲』

初めて明かされたサウンドトラック盤 感動秘話

元テイチクレコード製作部長

高柳六郎

西部警察 PERSONAL 2
特別特典 CD

西部警察サウンドトラック
西部警察メインテーマⅠ
２曲入り

1979 年(昭和 54) スタート時の『西部警察』のポスターをカバー写真に。映像同様、ファンの間で多くの熱狂的伝説を残した西部警察サウンド。

石原プロと、裕次郎さんとの出会いは、テイチクレコードに入社して3年目の昭和四十年です。

当時、私の上司であった中島賢治ディレクターに調布の日活撮影所に連れて行かれ、食堂で石原裕次郎さんにお会いし紹介していただいたのです。

食事を終えた裕次郎さんは、ゆったりと椅子に腰かけて、足を組んでいました。まるで映画の一シーンのようで、とにかくカッコよかった。

中島ディレクターが「今度アシスタントをやってもらう高柳六郎です」と紹介すると、裕次郎さんは、わざわざ立ち上

西部警察署前で、大門軍団と石原裕次郎演じる木暮課長。

がって、「石原裕次郎です。よろしく」と言って右手を差し出してくれました。

こっちはドキドキしながらも右手を出して、強く握ったことを、いまでも覚えています。

以来、裕次郎さんの担当となって、最後の最後まで、お付き合いをさせていただいたのです。

『西部警察』は文字通り石原プロが社運をかけて製作したテレビ映画で、裕次郎さん、渡さん、コマサ（小林正彦元専務）の熱の入れようはスゴく、テーマソングや、サウンドトラックにしても、何度も何度もミーティングをして、絞り込んでいったのです。

『西部警察』はその前に5年続いた〝大都会シリーズ〟のあとを受けてスタートした番組です。石原プロでは、それまでなかったカーアクションや、激しい銃撃戦に視聴者はクギづけにされました。

「ウエスタンタッチの元気のいい曲にしよう」裕次郎さんの一言でメインテーマが決まった

ドラマのバックに流れるサウンドトラックをはじめ、テーマ曲について、裕次郎さんから細かい指示が出され、調布の石原プロで行われた打ち合わせは、もう熱気にあふれていました。

『西部警察』だから、ウエスタンタッチのメロディでしかも元気のいい曲にしよう。元気でいこうよ」

裕次郎さんのこの一言で、最後に西部劇のメロディとして、サウンドトラックが生まれたのです。

ですから「西部警察PART-Ⅰメインテーマ」は、まさにウエスタン調のメロディで決定したのです。

渡さん、コマサもみんなもしみじみした曲はやめて「元気でいこうよ」と、レコーディングも一発でOKが出ました。

裕次郎さんからも「ああしろ、こうしろ」といった注文はなかったです。

ただ音作りには時間をかけましたね。

裕次郎さんは「バンドもフル編成にして、ハードなサウンドにしよう」と、当時の常識でいえば、本篇の映画にかける音楽の倍くらいのお金を投入しました。いま聴いても元気が出るアップテンポのキレのいい曲ですね。

また劇中でのBGMの選定は裕次郎さんから私がすべてをまかされてやりました。

色々編集しましてね、短くしたり長くしたり色々やって、それでアルバムを出そうよ、ということになって、ファーストアルバムが生まれたのです。

たいへんだった、と思ったことは一度もありません。音楽が好きだったし、裕次郎さんと一緒にやらせてもらうことに幸せを感じていましたから。

（以下次号へ）

西部警察 PERSONAL 2
舘ひろし
THE HERO OF SEIBUKEISATSU

CONTENTS

特別特典CD

西部警察
サウンドトラックSPECIAL
西部警察Ｉメインテーマ２曲付き

次号予告

発売は2022年2月中旬予定です。
西部警察 PERSONAL 3 SUPER HERO

発行日　2021年11月18日　第1刷発行

編集人
発行人　阿蘇品 蔵

発行所　株式会社青志社
〒107-0052 東京都港区赤坂5-5-9 赤坂スバルビル6F
（編集・営業）Tel：03-5574-8511
Fax：03-5574-8512
http://www.seishisha.co.jp/

印刷・製本　株式会社プラスコミュニケーション

装丁
デザイン　加藤茂樹
撮影　小島愛一郎（永野明彦インタビュー）
編集　岩佐陽一・久保木侑里
進行　三浦一郎
制作協力　㈱石原音楽出版社
写真提供　㈱石原音楽出版社
㈱テイチクエンタテイメント
㈱文化工房
永野明彦
取材協力　内山浩一
thanks　㈱テレビ朝日
※文中敬称略

 ISBN 978-4-86590-124-5 C0074